John Coleman

LA MASSONERIA DALLA A ALLA Z

OMNIA VERITAS

John Coleman

John Coleman è un autore britannico ed ex membro dei servizi segreti. Coleman ha prodotto diverse analisi del Club di Roma, della Fondazione Giorgio Cini, della Forbes Global 2000, del Colloquio interreligioso per la pace, dell'Istituto Tavistock, della Nobiltà Nera e di altre organizzazioni vicine al tema del Nuovo Ordine Mondiale.

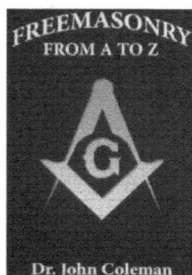

La Massoneria dalla A alla Z

Freemasonry from A to Z

Tradotto dall'inglese e pubblicato da Omnia Veritas Limited

Omnia Veritas Ltd - 2022

www.omnia-veritas.com

La massoneria è spesso descritta come una "società segreta", ma i massoni stessi ritengono che sia più corretto dire che si tratta di una società esoterica, in quanto alcuni aspetti sono privati. La formulazione più comune è che la Massoneria nel XXI secolo è diventata meno una società segreta e più una "società segreta". Gli aspetti privati della Massoneria moderna sono le modalità di riconoscimento tra i membri e particolari elementi del rituale. Per esempio, i massoni possono chiedere ai nuovi arrivati che incontrano: "Sei in piazza? ".

In una società aperta come gli Stati Uniti, ci si potrebbe chiedere perché sia necessaria la segretezza. Descrivere la Massoneria è un compito difficile. Dire che è la più grande organizzazione fraterna del mondo, con oltre tre milioni di membri negli Stati Uniti, settecentomila in Gran Bretagna e un altro milione in tutto il mondo, e che è stata oggetto di cinquantamila libri e opuscoli, è solo l'inizio.

Dalla sua fondazione ufficiale nel 1717, la Massoneria ha generato più odio e inimicizia di qualsiasi altra organizzazione secolare al mondo. È stata oggetto di attacchi incessanti da parte della Chiesa cattolica, l'appartenenza è stata vietata agli uomini della Chiesa mormone, dell'Esercito della Salvezza e della Chiesa metodista. È vietato in diversi Paesi.

Le accuse antimassoniche si scontrano sempre con difficoltà perché la Massoneria si rifiuta di rispondere agli attacchi. Ciò che sorprende è l'enorme numero di leader mondiali, passati e presenti, che erano e sono membri della Massoneria: Re Giorgio VI d'Inghilterra, Federico il Grande di Prussia e Re Haakon VII di Norvegia. La storia degli Stati Uniti è ricca di leader che erano massoni, come George Washington, Andrew Jackson, James Polk, Theodore Roosevelt, Franklin D. Roosevelt, Harry Truman, Gerald Ford e Ronald Reagan.

La Seconda Guerra Mondiale fu guidata da leader massonici britannici come Winston Churchill e il Presidente degli Stati Uniti Franklin D. Roosevelt, nonché da leader militari statunitensi come i generali Omar Bradley, Mark Clark e George Marshall. È quasi impossibile sapere dove iniziare o finire la storia dell'influenza massonica su tutti gli aspetti della vita negli ultimi 290 anni. Questo libro è un tentativo di riunire ciò che renderà relativamente facile spiegare "cos'è la Massoneria".

CAPITOLO 1

COSA È MASSONERIA?

L a Massoneria è un argomento inesauribile, sul quale sono stati scritti e presentati molti libri e articoli scientifici; pertanto, non intendo avventurarmi lungo le autostrade e le strade secondarie della Massoneria e perdermi in un labirinto di rituali e simboli, poiché questi argomenti sono stati comunque ampiamente trattati da coloro che sono a favore e contro la Massoneria.

Lo scopo di questo lavoro è quello di fornire una visione più ampia di ciò che è la Massoneria, di ciò che rappresenta, dei suoi scopi e obiettivi e della misura in cui è progredita verso i suoi obiettivi dichiarati. Per questo motivo, mi occuperò prima della Massoneria speculativa, quella parte della Massoneria che si occupa delle questioni spirituali della vita e della morte, dello spirito umano, e poi di coloro che la controllano con una breve spiegazione della Massoneria operativa.

Per i dettagli dei rituali e delle cerimonie, ho attinto a opere massoniche di riferimento come la *Royal Masonic Encyclopedia*, o come viene talvolta chiamata la *Cyclopedia*. Per un resoconto dei luoghi in cui i più grandi sostenitori della Massoneria hanno esposto le loro idee, in particolare Albert Pike e il dottor Mackey, nonché di libri e riviste scritti da acerrimi nemici della Massoneria; uomini come l'Abbé Barruel, il professor John Robinson, Eckert,

Copin-Albancelli e Arthur Preuss, per citare solo alcuni degli uomini colti che sono indicati dai massoni come "i nostri implacabili nemici". (È strano che i gesuiti usino esattamente la stessa espressione).

Le origini della Massoneria sono state dibattute per oltre 150 anni. Secondo Pike:

> "Le origini della Massoneria sono note solo ai massoni.

Pike si lascia dare per scontato. La sua dichiarazione ha lo scopo di ingannare gli incauti ed è abbastanza tipica dell'inganno praticato dalla Massoneria, un po' come cadere nelle mani di un mago senza sapere come realizza le sue illusioni.

L'origine della Massoneria è comunque molto nota, non è né un segreto né un mistero. Ma è anche certamente vero che la maggior parte dei massoni, che non vanno mai oltre il quarto grado, non conoscono l'origine della società di cui seguono così pedissequamente i dettami.

Il dottor Mackey, riconosciuto come massone e portavoce ufficiale della Massoneria, lo ammette prontamente. Il suo principale sostenitore, J.F. Gould, conferma che c'è molto disaccordo tra gli stessi massoni sulla sua origine. Lo si può vedere nel suo libro *La storia della Massoneria*. Le ricerche contemporanee dimostrano che la sua origine risale al misticismo babilonese ed egiziano, associato alla magia nera.

È un culto religioso, dedicato all'adorazione di Lucifero. È anticristiana e rivoluzionaria, anche se il suo padrone, Lucifero, è il simbolo della ribellione contro Dio, una ribellione che dura da migliaia di anni.

Il mondo deve la sua conoscenza della Massoneria al professor John Robinson, uno dei suoi membri più illustri che ha disertato dalle sue fila, e quindi un uomo che i massoni non possono definire bugiardo o ignorante. Il professor Robinson ha insegnato alla Royal Society di Edimburgo, in Scozia. La sua materia era la filosofia umana. Robinson era profondamente coinvolto nelle società segrete, la principale delle quali era la setta bavarese degli Illuminati di Adam Weishaupt.

Robinson era un massone di 33° grado, il che significa che aveva raggiunto il vertice dell'ordine della Massoneria di Rito Scozzese.

Nel 1796, Robinson pubblicò un articolo che delineava gli obiettivi degli Illuminati, dimostrando che questi ultimi erano molto vicini alla Massoneria. In effetti, la Massoneria fu il veicolo utilizzato per diffondere le dottrine rivoluzionarie degli Illuminati, a partire dalla Francia.

Robinson ha dimostrato senza ombra di dubbio che l'obiettivo degli Illuminati e della Massoneria è quello di distruggere tutte le religioni e i governi e di eliminare il cristianesimo dalla faccia della terra per sostituirlo con il culto luciferiano.

Il nuovo ordine mondiale promesso dalla Massoneria è un ordine mondiale dispotico e luciferiano all'interno di un governo mondialista. Una serie completa di piani per l'imminente rivoluzione finì nelle mani del governo bavarese, che fu così profondamente allarmato da inviarne copia a tutti i governi e i capi di Stato d'Europa, ma il suo messaggio di avvertimento fu completamente ignorato.

I documenti di Weishaupt fornivano tutti i dettagli dell'imminente Rivoluzione francese. Devoto all'ordine massonico, il conte di Shelburne insegnò e addestrò Danton e Marat (i leader radicali della Rivoluzione francese) e diresse ogni fase della Rivoluzione "francese" dall'Inghilterra.

CAPITOLO 2

LE ORIGINI DELLA MASSONERIA

Lo gnosticismo babilonese è la madre della Massoneria, motivo per cui la lettera "G" appare al centro della stella a cinque punte della Massoneria.

Nonostante le furiose smentite dei difensori della Massoneria, un'autorità non meno importante della Massoneria, proveniente dal suo massimo Ordine, Eliphas Levy, ha affermato che la famosa "G" sta per Gnosticismo. Nel suo libro *Dogma e Rituale dell'Alta Magia*, volume II, pagina 97, Levy dice:

> La "G", che i massoni collocano al centro della stella fiammeggiante, significa gnosticismo e generazione, le parole più sacre dell'antica Cabala.

Secondo l'*Enciclopedia delle religioni*, la Cabala è un antico misticismo ebraico e il fratello Edersham è un'autorità in materia. Come ho detto prima, non voglio entrare nei dettagli, ma è necessario stabilire molto brevemente che cos'è la Cabala.

A tal fine, cito autorevolmente il fratello Edersham:

> È innegabile che anche al tempo di Gesù Cristo esisteva un corpo di dottrine e speculazioni che venivano accuratamente nascoste alla moltitudine. Non sono stati rivelati nemmeno agli studiosi ordinari (come nel caso

delle dottrine superiori e dei massoni ordinari), per evitare che venissero coinvolti in idee eretiche.

Questo genere fu chiamato Kabbala; come implica il termine (cioè ricevere e trasmettere), rappresentava le transizioni spirituali tramandate dalle epoche più antiche, anche se mescolate con elementi impuri o estranei nel corso del tempo.

Si tratta della stessa Tradizione degli antichi, che Gesù Cristo ha condannato totalmente e con la massima fermezza, come riportato nei quattro Vangeli, il resoconto delle sue parole durante il suo ministero terreno.

Da quanto detto sopra risulta chiaro che la massoneria deriva da una religione totalmente opposta al ministero di Cristo. Ne consegue, quindi, che nonostante le sue veementi negazioni, la Massoneria è anticristiana nel suo insegnamento e nel suo spirito. Altri, implacabilmente contrari alla Massoneria, come già detto, si spingono oltre. Un'autorità in materia di massoneria, Copin-Albancelli, ha affermato:

> La Massoneria è la contro-chiesa, il contro-cattolicesimo, la chiesa dell'eresia.

Cita diverse fonti massoniche di rilievo a sostegno della sua affermazione, come Copin-Albancelli, *Bulletin du Grand Orient de France*, settembre 1885, che afferma:

> Noi, i massoni, dobbiamo perseguire la demolizione totale delle chiese cattoliche.

Ho avuto il privilegio di poter cercare documenti massonici nel British Museum di Londra per vedere se questa dichiarazione e altre che seguono sono state ritirate o ritrattate. Ma in un periodo di cinque anni di intense ricerche, non sono riuscito a trovare nessuna pubblicazione massonica che contenesse una ritrattazione delle sue intenzioni distruttive nei confronti della Chiesa cattolica.

Un altro esempio citato da Copin-Albancelli è il memorandum del Supremo Consiglio del Grande Oriente (Massoneria Europea), che afferma:

> La lotta tra cattolicesimo e massoneria è una guerra all'ultimo sangue senza tregua né quartiere.

Questa affermazione non è mai stata ritrattata.

Copin-Albancelli prosegue con altri esempi, citando come fonte il discorso pronunciato durante un banchetto per il solstizio d'estate nel 1902 da Fratel Delpek, il quale disse, tra l'altro, che..:

> I trionfi del galileo durarono per venti secoli. La Chiesa cattolica romana, fondata sul mito galileiano (un riferimento a Gesù Cristo), ha iniziato a decadere rapidamente dalla fondazione dell'Associazione massonica? Da un punto di vista politico, i massoni hanno spesso variato. Ma la Massoneria è sempre stata ferma su questo principio: guerra a tutte le superstizioni, guerra a tutti i fanatismi!

Queste informazioni, la cui autenticità è indiscutibile, rendono i massoni e la massoneria anticristi e anticristiani, liquidando i suoi insegnamenti nel modo più sprezzante come mito e superstizione galileiana. Il loro odio e il loro veleno repressi sono diretti principalmente contro la Chiesa cattolica, ma alcuni dicono che i cattolici non sono cristiani.

Credetemi, se questo fosse vero, la Massoneria non spenderebbe il 99% del suo tempo e delle sue energie per cercare di distruggere la Chiesa cattolica. Perché la Massoneria dovrebbe sprecare così tanto tempo ed energie preziose? Cerchiamo di essere logici su queste questioni.

Quanto sopra non dovrebbe lasciare dubbi sulla posizione della gerarchia massonica. Inoltre, chiarisce che la Massoneria è politicamente coinvolta, nonostante le sue frequenti proteste del contrario. Se riassumiamo le conclusioni da trarre da queste affermazioni, possiamo arrivare a un solo giudizio: La Massoneria è essenzialmente una società segreta falsa, ingannevole e fuorviante, in cui la maggior parte dei suoi membri viene trascinata da una marea di banchetti, incontri sociali, opere di bene, buona volontà e comunione filantropica. Il carattere sinistro della Massoneria è completamente nascosto alla massa dei suoi membri, cioè a coloro che non vanno oltre il grado blu o il quarto.

Secondo il dotto Dom Benoit, un alto studioso della Massoneria, che persino i massoni riconoscono avere una grande conoscenza dei loro oracoli speculativi segreti, la Massoneria è un culto del diavolo. Descrivendo le cerimonie di iniziazione del 25° grado , (Cavaliere del Serpente di Bronzo) gli iniziati giurano di lavorare per il ritorno dell'uomo al Giardino dell'Eden. Il Maestro cita il serpente come amico dell'uomo, mentre il nostro Dio - a cui i massoni si riferiscono come Adonai o Adonay - è indicato come nemico dell'uomo.

Benedetto dice che nel grado 20 la deduzione del culto luciferiano è ancora più positiva, perché l'ufficiale presidente dice all'iniziato:

Nel santo nome di Lucifero, scaccia l'oscurantismo.

Oscurantismo è una delle poche parole chiave che fanno venire la schiuma alla bocca a qualsiasi massone di grado superiore al quarto quando viene menzionata in sua presenza da qualcuno che non è un massone e che quindi non dovrebbe conoscere la parola e il suo significato.

Come ho già detto in precedenza, molti massoni che si professano cristiani "una volta che si conoscono questi misteri, può esserci spazio per il dubbio, che la Massoneria è l'adorazione di Lucifero e la denigrazione di Cristo".

Benedetto ha un'altra accusa più grave contro la Massoneria, che ha dichiarato come segue:

> Chi può essere così credulone da pensare che, dopo tante affermazioni serie e costanti, che i massoni rispettano tutte le religioni, l'interesse per la religione e l'odio per la Chiesa cattolica esistano solo in alcuni gradi massonici, in cui si dice che Cristo è un angelo caduto. Ho visto gli emblemi di una delle Grandi Logge, che è un calice con l'immagine dell'ostia trafitta da un pugnale, un altro, il mondo con la croce capovolta, e un altro ancora, il Cuore di Gesù con il motto "Cor Ex Secranrum".

In un discorso tratto dal Palladium Luciferian Rites for the Reformed Chosen di Albert Pike, Benedetto afferma che gli iniziati sono istruiti a "punire il traditore Gesù Cristo, a uccidere Adonai pugnalando l'ostia dopo essersi assicurati che sia un'ostia consacrata, mentre recitano orribili bestemmie".

Pike nacque nel 1809 e morì nel 1891. Il suo libro, *Morals and* Dogma, conferma la sua adorazione di Satana e la sua fede in un Nuovo Ordine Mondiale. Disprezzava qualsiasi sistema politico che non fosse un governo repubblicano limitato con principi democratici. Secondo Pike, il potere politico, la ricchezza, la salute e la lunga vita dovevano essere ottenuti attraverso il culto di Lucifero.

Il libro è molto favorevole all'omosessualità e la copertina mostra un'aquila a due teste. È chiaro che il tema centrale del libro è la distruzione della moralità e della famiglia. Il libro condanna la morale biblica e la famiglia come pietra angolare della civiltà.

Ora, so che ci sono alcuni, anche alti massoni, che diranno: "Siamo stati massoni per tutta la vita e non abbiamo mai assistito a una cerimonia del genere". Certo che no! Questa è la procedura standard della Massoneria: solo i prescelti vengono iniziati a questi riti. Se non avete superato il grado 25 , non siete a conoscenza di questi vili rituali anticristi! E permettetemi di avvertirvi che qualsiasi tentativo di far confermare le affermazioni di Benedetto dalla gerarchia massonica significherà che i vostri giorni come massoni sono contati. In seguito sarete un uomo segnato, di cui non ci si potrà fidare.

Per citare il Fratello Stroether, un'altra autorità riconosciuta, che non è mai stata messa in discussione dalla Massoneria, semplicemente perché era uno di loro, proveniente dai loro consigli interni, un uomo che ha usato parole che sono tornate a perseguitare i massoni:

> La massoneria esiste in Francia, Spagna, Portogallo e Sud America come organizzazione antireligiosa, che negli ultimi anni si è trasformata in una sorta di setta antitetica, che non nasconde il suo odio per le religioni rivelate.

Il fratello Stroether era un membro degli Eletti, un massone di alto grado di Louisville, Kentucky, negli Stati Uniti. Ho chiesto a diversi alti massoni di commentare le parole di Stroether. Senza eccezioni, hanno dichiarato di ignorare l'identità di fratello Stroether o hanno negato che avesse detto qualcosa del genere. Un massone particolarmente indignato, un colonnello della Polizia di Stato della Carolina del Nord, mi ha detto: "Questo tipo di commenti è il prodotto di una mente malata anti-massonica.

Ma quando lo misi di fronte alle parole dei suoi stessi massoni, mi avvertì che avrei fatto bene a lasciare la Massoneria. Le parole che lo avevano sconvolto erano quelle pronunciate dal famigerato Paul Lafargue (1842-1911) al Congresso internazionale dei massoni del Grande Oriente di Bruxelles (Belgio) del 1866:

> Guerra a Dio! Odio a Dio! Nel progresso bisogna schiacciare il Cielo, come se fosse un pezzo di carta.

Alla stessa conferenza, un massone di spicco di nome Lanesman ha ripetuto le parole usate nel 1880, ovvero

> Dobbiamo schiacciare il vile, ma questo vile non è il clericalismo, questo vile è Dio.

CAPITOLO 3

I NEMICI STORICI
DI MASONERIA

Ho cercato diligentemente i documenti da cui sono stati tratti questi estratti per confermarne l'esattezza. Inoltre, con altrettanta cura, ho cercato nei registri massonici del British Museum di Londra una ritrattazione o un disconoscimento di queste bestemmie da parte di massoni anziani; ma la mia ricerca non ha prodotto alcuna prova che queste parole non siano il credo della Massoneria in generale, né che siano state rimosse.

Un leader massonico molto rispettato che ha confermato tutto ciò che è stato detto finora, compresa la natura anticristica della Massoneria, è stato il suo sommo sacerdote, Albert Pike, cofondatore dei Riti Riformati del Nuovo Palladio e Sommo Pontefice della Massoneria americana. Albert Pike e Edgar Allen Poe avevano molto in comune. Entrambi sono nati a Boston nel 1809. Entrambi erano scrittori e poeti ed entrambi erano dipendenti dall'oppio, oltre che massoni di 33 grado e luciferiani.

Nell'*Enciclopedia Cattolica* si legge che Albert Pike e un altro importante massone di alto rango, Adriano Lemmi, cospirarono insieme per danneggiare la religione cristiana in Italia. Pike scrisse a Lemmi quanto segue:

Le influenze clericali in Italia devono essere rovinate in

breve tempo, le leggi contro le congregazioni religiose devono essere rispettate. E le scuole? L'insegnamento della religione cattolica viene ancora impartito. Fate in modo che il popolo protesti attraverso le logge.

In altre parole, usare le logge massoniche per creare "proteste" contro le scuole cattoliche.

Il professor John Robinson ha trascorso molti anni a ricercare attentamente l'esposizione della Massoneria presentata dall'Abbé Barruel.

Robinson afferma:

> Barruel conferma tutto quello che ho detto sugli Illuminati, che lui chiama giustamente Filosofi, e sugli abusi della Massoneria in Francia.

Questo dimostra senza ombra di dubbio che una cospirazione formale e sistematica contro la religione fu formata e perseguita con zelo da Voltaire, d'Alembert e Diderot, assistiti da Federico II, re di Prussia, e vedo che i loro principi e il loro modo di procedere erano gli stessi degli atei e degli anarchici tedeschi.... Ma il loro progetto principale era quello di distruggere il cristianesimo e tutta la religione e di attuare un cambiamento totale del governo.

Robinson stava discutendo del ruolo indubbiamente vitale svolto dalla Massoneria nella Rivoluzione francese, come rivelato dall'Abbé Barruel nel modo più preciso e indiscutibile. Se questo non è sufficiente per gli scettici, allora che si rivolgano alle "parole d'ordine" più importanti della Massoneria. Uno di essi è basato su Caino, che Cristo condannò come assassino di profeti in Matteo 23. La parola d'ordine, Tubal Cain, è un riferimento molto esplicito a

Caino. L'altra "parola segreta" è INRI, "Igne Natura Renovatur Integra" - "Tutta la natura è rinnovata dal fuoco", usata per descrivere Gesù di Nazareth. Si suppone che l'iniziato debba "scoprire" cosa significa, il che dà un'idea dell'infantilismo dei rituali in cui i massoni si impegnano.

Poi il Maestro di Loggia dichiara:

> Miei cari fratelli, è stata trovata la parola, e tutti i presenti applaudono alla scoperta, che Colui la cui morte ha consumato la religione cristiana non era altro che un comune ebreo crocifisso per i suoi crimini. È sul Vangelo e sul Figlio dell'Uomo che il Candidato deve vendicare la fratellanza dei Pontefici di Geova.

Questa citazione è tratta dall'opera dell'Abbé Barruel che tratta del 18 grado della Rosacroce. I Rosacroce erano massoni e hanno fondato la massoneria inglese. È giusto dire, tuttavia, che la stragrande maggioranza dei massoni inglesi non è mai andata oltre il Quarto Grado e nega vigorosamente l'esistenza di quanto sopra. In effetti, molti massoni inglesi hanno dichiarato di essere cristiani devoti e che non avrebbero mai partecipato alla bestemmia di Cristo o della sua Chiesa! La Massoneria, per la maggior parte dei suoi membri, non è altro che una ripetizione del Primo e del Quarto Grado. Non c'è da stupirsi che molti si arrendano a questo punto e non tentino di andare oltre. Secondo il dottor Mackey, un'autorità in materia di massoneria, molto favorevole a quest'ultima:

> ... Queste sono le spiegazioni e l'Alto Grado è il commento.

C'è chi dice che se la massoneria è così cattiva, allora come mai tanti anglicani e persino alcuni papi erano massoni?

Sono d'accordo sul fatto che migliaia di leader della Chiesa anglicana possano essere massoni, ma questi uomini non sono cristiani; sono agenti occulti di Lucifero, dormienti in loco nella Chiesa la cui funzione è quella di distruggerla! Possiamo dire che "alcuni Papi erano massoni", quando è impossibile provarlo, anche se c'è un forte sospetto che almeno tre Papi possano essere stati massoni? Il sospetto non è una prova. Una falsa voce, nata tra i massoni in Germania, secondo cui Papa Pio XI sarebbe stato un massone, si è rapidamente trasferita a Filadelfia. Eckert, una delle maggiori autorità antimassoniche, ci dice che ciò è stato fatto per evitare un'indagine successiva sulla rivendicazione, che sarebbe stata più facile da promuovere in Europa che negli Stati Uniti. Tuttavia, l'affermazione è stata attentamente studiata da John Gilmary Shea, l'uomo che ha scritto molto sulla vita di Papa Pio XI.

Le ricerche di Shea hanno dimostrato che Pio XI non è mai stato membro della Loggia di Filadelfia. In realtà, a Filadelfia non è mai esistita una Loggia di questo tipo! Preuss, un altro famoso ricercatore di verità massoniche, conferma che il complotto non è altro che un tentativo di infangare Papa Pio XI e la Chiesa cattolica in generale.

In risposta alla domanda spesso posta: "Che cos'è la Massoneria? "Non posso fare di meglio che citare il grande studioso e storico massone Abbé Barruel... È un male maligno della più vile specie, un'opinione confermata dal Sommo Pontefice Albert Pike, che disse:

> I Gradi Blu non sono altro che la porta esterna del portale del Tempio. Alcuni dei simboli ricevuti sono gli stessi, ma l'adepto viene intenzionalmente fuorviato da false interpretazioni.

Non si vuole che li capisca, ma piuttosto che si immagini di capirli. La loro vera interpretazione è riservata agli Iniziati, i Principi della Massoneria.

Queste parole compaiono nei documenti su Pike conservati nella teca del British Museum, se non sono stati rimossi nel frattempo, come accade a molti documenti quando finiscono per diventare una fonte di riferimento per gli investigatori della Massoneria. Ci deve essere qualcosa di "malignamente sbagliato" in una società che si propone di ingannare deliberatamente i propri membri. Copin-Albancelli, lo storico massone già citato, afferma che la massoneria è una forza diretta da occultisti e usata come ariete contro la religione cristiana.

CAPITOLO 4

L'ENCICLICA MIRARI VOS DI PAPA GRÉGOIRE XVI

In questa enciclica, Papa Gregorio decretò che la Massoneria era :

> ... Tutto ciò che è stato più sacrilego, più blasfemo e più vergognoso nelle eresie e nelle sette più criminali si è riunito nella società segreta massonica come in una fogna universale.

Non c'è da stupirsi se sono confuso quando si dice che "i cattolici non sono cristiani". Mostratemi dove si dice che un leader protestante abbia mai parlato così fortemente contro la massoneria come la Chiesa cattolica. A tutt'oggi non ne ho trovato uno.

Ciò può contribuire a spiegare il fatto che Vladimir Lenin fosse un massone. Preuss dice del Fratello Lenin che apparteneva a una loggia segreta in Svizzera, con il suo vero nome, Ulianov Zederbaum, dalla quale cercò di rovesciare la Russia cristiana, un tentativo, aggiungerei, nel quale riuscì, grazie al massiccio aiuto dei massoni della Tavola Rotonda, di Lord Palmerston, di Lord Milner e di una schiera di massoni inglesi del 33 grado. Eppure il governo svizzero ha definito questo arcidemone un "intellettuale". Ciò ha senso se si considera che per secoli la patria della Massoneria è sempre stata la Svizzera. La "fratellanza" ha dimostrato nel caso di Lenin che i massoni sono uniti, soprattutto nelle imprese il cui scopo è la distruzione della religione cristiana, come nel caso della Russia ortodossa.

Il fatto che i massoni inglesi abbiano guadagnato miliardi di dollari dal saccheggio della Russia è stato ovviamente un ulteriore vantaggio. La vera soddisfazione fu il rovesciamento del regime zarista e il massacro su larga scala dei cristiani (attestato a 60 milioni), che divenne un modello da seguire nella guerra civile spagnola (luglio 1936-giugno 1939). Mi riferisco al giugno 1939, perché quello fu il mese in cui Franco marciò in trionfo per le strade di Madrid, dopo aver schiacciato per Dio e per la patria le forze luciferiane della massoneria comunista nel suo Paese.

Un'autorità rinomata che non ho ancora citato è Margiotta, che fu iniziato ai Riti del Palladio e divenne un "Principe della Massoneria". Margiotta afferma che Pike pretendeva che il dio della Massoneria si chiamasse Lucifero, in contrasto con la volontà del fratello massone Adriano Lemmi, che voleva che il dio massonico si chiamasse Satana.

Albert Mackey afferma che la Massoneria è qui per stabilire una Nuova Religione Universale. La pubblicazione *A Cause* afferma che i massoni devono ignorare tutte le leggi e le autorità in ogni paese, esattamente in linea con la natura ribelle e rivoluzionaria di Lucifero, che si ribellò alle leggi e all'autorità di Dio. Si può quindi affermare che, per sua stessa confessione, la Massoneria è una forza rivoluzionaria, esistente allo scopo di rovesciare l'ordine esistente sulla Terra, proprio come il suo maestro Lucifero cercò di rovesciare l'ordine esistente dell'Universo! La Massoneria è un ordine paramilitare, come è pienamente confermato dai suoi gradi e dai suoi simboli, che sono di natura militare.

Sia Eckert che Benoit insistono sul fatto che la vera autorità della Massoneria, il Comando Supremo, è di natura interamente occulta, il che spiega perché il Comando Supremo nascosto si nasconde dietro una massa di simboli e cerimonie, che non devono essere scoperti fino a quando non si raggiunge il grado più alto dell'Ordine. Si fa di tutto per tenere nascosta ai membri comuni l'identità (anche il cambio di nome) di questi leader segreti, in modo simile a quello usato dai bolscevichi in Russia (è da qui che i bolscevichi hanno preso il cambio di nome?).

Il 19 grado della Massoneria di Rito Scozzese afferma:

> Fare guerra alla Croce di Gesù Cristo. Adottare il culto luciferino del fuoco e della carne.

Queste vili parole fanno parte delle prove offerte nella Massoneria di Benedict, la più notevole esposizione della Massoneria disponibile per coloro che cercano di conoscere il vero scopo della Massoneria.

Tre parole mandano su tutte le furie i 33 massoni di grado:

> Cattolicesimo, oscurantismo e clericalismo.

La seconda parola è solo una parola massonica, che a loro piace usare per descrivere gli insegnamenti di Cristo.

Ovviamente deve avere un doppio significato per ispirare la rabbia che suscita quando viene usata dai non massoni, perché i non massoni dovrebbero ignorare tali parole e i massoni odiano essere smascherati. La Massoneria è una falsa fratellanza, poiché esclude deliberatamente i poveri e coloro che non hanno alcuna possibilità di raggiungere il potere politico e inganna deliberatamente i suoi membri di ordine inferiore.

CAPITOLO 5

ECKERT PONE UNA DOMANDA PERTINENTE

Eckert pone questa domanda pertinente:

> Perché l'Ordine esclude i poveri, che non hanno alcun valore politico o economico? È un fatto ben noto, non smentito dalla stessa Massoneria, che essa cerca di arruolare solo coloro che hanno raggiunto una carriera commerciale o politica di successo. Il fatto è che il denaro è la forza motivante quando si tratta di accogliere i nuovi arrivati nella confraternita.

Questa palese ipocrisia dovrebbe servire da monito a tutti coloro che sono stati invitati a frequentare uno dei templi massonici della loro zona per un incontro sociale. Questo è il modo abituale in cui coloro che l'Ordine ritiene di poterne beneficiare finanziariamente fanno il loro reclutamento. Il massone chiede "Are you in the Square", che significa "Sei un massone? ". L'interrogante sa perfettamente, da una stretta di mano segreta, che la persona che ha avvicinato non è un massone, ma qualcuno che egli ritiene essere un probabile candidato all'adesione alla sua loggia!

La trattazione dei gradi e dei rituali richiederebbe un libro a sé stante, poiché esistono centinaia di riti, molti dei quali rasentano l'infantilismo.

Ci sono molti buoni libri dedicati esclusivamente a questi rituali, che sono noiosi da leggere. Secondo la Bibbia massonica, l'*Enciclopedia della Massoneria* e un'opera più recente intitolata *The Meaning of Masonry*, di W.L. Wilmhurst, i riti principali sono i seguenti:

- ❖ Il Rito Scozzese Antico e Accettato
- ❖ Il rito erodiano
- ❖ Il Rito Riformato Scozzese Antico
- ❖ Il Grande Oriente Rituale (di cui fa parte il Rito Francese)
- ❖ Il Rito Filosofico Scozzese (molto diffuso in Svizzera)
- ❖ Il rito elettrico (ampiamente utilizzato in Germania)
- ❖ Il rito di Mizraim (antico rito egiziano)
- ❖ Il Rito Joanita

È interessante notare che la sede della Massoneria Universale è a Ginevra, in Svizzera, sotto il titolo di Associazione Massonica Internazionale. La Svizzera, come dimostra la storia, è sempre stata un rifugio per i rivoluzionari.

Una seconda "filiale" si trova a Losanna ed è particolarmente segreta. Ascona è la patria del satanismo gnostico, della massoneria e del comunismo. Ricordate, i massoni sono rivoluzionari, è stato insegnato loro a ribellarsi a tutti i governi esistenti, e i massoni svizzeri non fanno eccezione a questa ingiunzione massonica.

Benoit dice dei rituali massonici:

> ... Sono lunghi, noiosi ed eccessivamente infantili.

Affinché le loro sciocchezze infantili non vengano scoperte da "estranei", prima dell'inizio di una riunione di Loggia, essa viene "coperta", un termine usato dai massoni per garantire che nessun estraneo o intruso sia presente per osservare e riferire sui lavori.

Eckert e Copin descrivono queste azioni in vari modi e usano il termine "incredibile buffoneria" per descriverle. Lo scopo di tutte queste buffonate, dice Copin, che coinvolgono parole d'ordine segrete sconosciute agli estranei, e Hiram, (Hiram Abiff, re di Tiro) presunto costruttore del Tempio di Salomone, che fu assassinato, è quello di ingannare l'autorità secolare facendole credere che la Massoneria sia una società benevola dedita ai banchetti, alla raccolta di denaro per i poveri e in generale a fare del bene alla comunità! Copin dice che nel rituale della Camera di Mezzo, in cui non entra mai un Maestro, i membri devono camminare e contromanifestare "come scolari".

Eckert continua:

> ... Vediamo il rituale come una presentazione teatrale troppo seria per essere uno scherzo, troppo inverosimile per essere seria.

Tuttavia, è una cosa seria. L'obiettivo è quello di eliminare i membri che dimostrano subito di non voler progredire oltre, quelli che seguono pedissequamente il rituale. Hiram, naturalmente, è il fulcro. Per loro, la scala che devono salire non li porta a ulteriori follie, ma a una posizione più alta e affidabile nella Massoneria. È interessante notare alcuni dei titoli a cui gli appassionati potranno forse aspirare un giorno:

- ❖ 5 gradi: Il maestro perfetto
- ❖ 11 Grado: La Sublime Scelta dei Dodici del Principe Ameth
- ❖ 16 Grado: Il Principe di Gerusalemme
- ❖ 19 Laurea: Il Grande Pontefice
- ❖ 28 Grado: Il Cavaliere del Sole o Principe Adepto
- ❖ 31 Grado: Il Grande Ispettore Inquisitore Comandante
- ❖ 32 Grado: Il Sublime Principe del Segreto Reale
- ❖ 33 Grado: Il Sommo Pontefice della Massoneria Universale

Sono particolarmente interessato al rito erodiano. Perché si dovrebbe adorare un assassino come il re Erode, che uccise migliaia di neonati quando i magi gli portarono l'allarmante notizia della nascita di Cristo? L'unica ragione che mi viene in mente è che Erode ha cercato di uccidere il Bambino Gesù e che i massoni sono un ordine anti-Cristo.

Ma è ai Principi della Massoneria, coloro che hanno raggiunto il 33 grado, che si rivela il vero volto della Massoneria. Adriano Lemmi, tale Principe, lo ha rivelato nel suo sfogo di odio contro la famiglia e la Chiesa nella sua lettera a Margiotta:

> Sì, sì, lo stendardo del Re dell'Inferno è in marcia... e deve combattere oggi, più energicamente e apertamente che mai, contro tutti i dispositivi della reazione clericale.

Coloro che eseguono pedissequamente i giochi infantili della Massoneria e seguono alla lettera tutti gli ordini cerimoniali senza tralasciare nulla, sono conosciuti come "Massoni Luminosi", che è due gradini sopra i cosiddetti "Massoni Coltello e Forchetta", che vivono solo per le numerose feste e banchetti di cui godono i massoni, mentre coloro che non sono qualificati per un grado superiore sono chiamati "Massoni Arrugginiti". Benedetto dice che questi ultimi sono conosciuti anche come "massoni pappagallo", perché conoscono le lezioni, ma non il loro significato. Non c'è assolutamente alcuna uguaglianza nelle Logge, il che smentisce le proteste dei massoni secondo cui tutti sono uguali e che "libertà, uguaglianza e fraternità" è la pietra angolare su cui è costruita la Massoneria.

Pike scrive che il culto di Lucifero è noto solo a coloro che hanno raggiunto l'ultimo grado. Lord Christopher Soames, il traditore dello Zimbabwe, è una persona del genere, così come Lord Carrington, l'ex Segretario Generale della NATO. (Nel Congresso degli Stati Uniti ci sono molti che condividono le opinioni di Lord Soames e Lord Carrington. Uno che viene subito in mente è il senatore Trent Lott, massone di 33 grado). Copin, Benoit ed Eckert ci ricordano che la parola d'ordine INRI, che ho spiegato in precedenza, è una parola anticristo. Mi chiedo come il senatore Lott e altri come lui che professano il cristianesimo possano conciliare questo con la loro coscienza.

Che cos'è il culto luciferiano? Dobbiamo essere chiari su questo punto per comprendere i Riti del Palladio di Pike e ciò che i Principi della Massoneria seguono effettivamente, pur professandosi cristiani, come nel caso di molti membri della gerarchia della Chiesa anglicana, delle aristocrazie europee, per non parlare dell'establishment liberale della costa orientale degli Stati Uniti e di molti membri del Congresso! Come spiega Albert Pike, il culto luciferiano è un credo che insegna che Lucifero era il più brillante dei tre angeli posti alla destra di Dio, un superessere con intelligenza e capacità superiori. Il suo potere era così grande da poter sfidare Dio e conquistare l'universo.

Seguì una potente battaglia con San Michele, l'angelo guerriero di Dio (che i massoni considerano fratello di Lucifero), che sconfisse Lucifero e lo allontanò dalla presenza di Dio.

Gesù Cristo vi fa riferimento nei Vangeli. Lucifero fu bandito all'inferno, che viene descritto come un luogo reale dell'universo. Lucifero portò con sé molti dei principali angeli della gerarchia celeste, che erano pronti a disertare con lui. Secondo il credo luciferiano, Dio diede a questi angeli un'altra possibilità di pentirsi, poiché riteneva che fossero stati ingannati dall'ingannevole maestro Lucifero.

È a questo scopo che Dio ha creato il nostro pianeta e che agli angeli che sono stati ingannati e non si sono apertamente ribellati sono stati dati corpi a immagine di Dio e hanno potuto abitare la Terra. Questi esseri erano pieni del respiro, dello spirito e della luce di Dio ed erano santificati da Dio. Non erano diversi dalle persone comuni, se non per il fatto che non conoscevano la loro vita precedente in Paradiso. Ma hanno ricevuto ispirazioni dalla sua parola per sostenere il loro piano e hanno mantenuto il libero arbitrio. Le loro menti erano usate per decidere da dove provenissero le ispirazioni e tradurle in atti corporei, che sono sempre o positivi o negativi - senza vie di mezzo. Questi atti sono registrati in un libro noto come Libro della Vita, menzionato nell'Apocalisse.

Attraverso le loro azioni nel regno fisico, questi esseri di origine celeste decidono il loro futuro, cioè possono accettare il piano di Lucifero o quello di Dio per governare l'universo. Si potrebbe dire che questo è quasi simile a ciò che insegna la Bibbia cristiana, ma non del tutto.

Improvvisamente appare Satana, portato da Lucifero, come Principe del Mondo (si noti che l'uso della parola "Principe" è usato anche dai massoni) al momento della creazione del mondo. Il compito di Satana era quello di far sì che i primi genitori si allontanassero da Dio e si unissero a Lucifero, rovinando così il suo piano.

Dio, dice Pike, ha camminato nel Giardino dell'Eden con il suo primo figlio, ma non lo ha istruito sui piaceri del sesso, perché è un Dio geloso ed egoista. Come insegna l'Ordine Inferiore dei Riti del Palladio, Dio lo fece perché questo piacere gli apparteneva e non doveva essere condiviso finché i figli non avessero dimostrato la loro obbedienza, integrità e assoluta onestà. Solo allora sarebbe stata data loro come ricompensa.

Poi, dice Pike, Satana prese in mano la situazione e, per volere di Lucifero, introdusse Eva ai piaceri del sesso, che Dio aveva riservato alla procreazione e che aveva semplicemente rimandato ai primi genitori finché non fossero stati pronti. Satana disse a Eva che sarebbe stata uguale in potere, come Adamo, a Dio e che non avrebbe mai dovuto affrontare la morte. Satana introdusse Eva a quella che ci piace chiamare "conoscenza carnale", un termine che è completamente fuorviante.

Fu così introdotto l'ideale luciferiano del libero amore e del libero sesso, in contrapposizione al piano divino del sesso all'interno dei confini del matrimonio tra un uomo e una donna allo scopo di generare figli, sulla base del desiderio spirituale di stabilire il Regno di Dio sulla Terra.

La spiegazione di Pike della Messa Nera mostra come Eva sia stata corrotta e il sesso, invece di essere un atto personale e privato di amore fisico e spirituale, sia diventato un'esibizione pubblica di sesso aperta a tutti, che è l'essenza della stregoneria di oggi. È giusto dire che, date le condizioni che prevalgono oggi sulla terra in ambito sessuale, Satana sta vincendo la battaglia, anche se temporaneamente, fino a quando non sarà sonoramente sconfitto da Gesù Cristo. Da qui l'incessante odio verso Cristo professato dai massoni!

CAPITOLO 6

L'USO DELLA BIBBIA CRISTIANA NEI TEMPLI MASSONICI

P reuss e l'*Enciclopedia Cattolica* confermano l'uso della Bibbia e della Croce nei templi massonici. Molti massoni di ordine inferiore hanno contestato l'affermazione, fatta di tanto in tanto, che la Massoneria è un culto luciferiano. Dicono: "Dal momento che esponiamo la Bibbia e la Croce, com'è possibile? ". Questo fa parte del piano di inganno della Massoneria. La Bibbia è lì solo per essere ridicolizzata nell'ordine superiore, e lo stesso vale per la Croce, che viene addirittura calpestata, mentre contro di essa vengono pronunciate le più vili bestemmie.

Eckert conferma che la Croce e la Bibbia vengono esposte per abbassarle al livello di altri "libri" religiosi di scarsa importanza. Nel 30 grado del Rito Scozzese, l'iniziato deve calpestare la Croce, mentre il Cavaliere Kadosh gli dice: "Calpesta questa immagine di superstizione! Distruggetelo! "Se l'iniziato non lo fa, viene applaudito, ma i segreti del 30 grado non gli vengono trasmessi. Se calpesta la Croce, viene accolto nell'ordine dei Cavalieri Kadosh e viene incaricato di vendicarsi di tre immagini che rappresentano il Papa, la superstizione e il Re.

Questa descrizione grafica è fornita dalla famosa autorità Benoit nella sua opera monumentale, La *Massoneria*. I massoni sperano di promuovere la causa del desiderio di

Lucifero di governare l'universo. Alcuni massoni si sono spinti fino all'evirazione, ritenendo che la sessualità sfrenata, permessa dal credo luciferiano, potesse interferire con il loro lavoro per stabilire il regno di Lucifero sulla Terra. Janos Kader, l'ex leader ungherese, si fece castrare per questo motivo. La Chiesa cattolica non arriva a questo estremo, ma richiede il celibato per i sacerdoti e le suore, in modo che le pressioni sessuali non abbiano alcun ruolo nel loro servizio all'umanità e a Cristo. Pike, pur essendo il Sommo Pontefice, ricevette i suoi ordini attraverso una serie di "Istruzioni" nel 1889, da quello che Margiotta chiama un "Consiglio Supremo dei 23 Consigli della Massoneria Mondiale".

Secondo alcune traduzioni del testo, che si trova al British Museum di Londra, le istruzioni sono le seguenti:

> A voi, Sovrani Ispettori Generali, diciamo questo, affinché possiate ripeterlo ai Fratelli dei gradi 32 , 31 e 30 : La religione massonica dovrebbe, da parte di tutti noi Iniziati di alto grado, essere mantenuta nella purezza della dottrina luciferiana. Se Lucifero non fosse Dio, Adonai, le cui azioni dimostrano la sua crudeltà e il suo odio per l'uomo, la sua barbarie e la sua repulsione per la scienza, Adonai e i sacerdoti lo calunnierebbero? Sì, Lucifero è Dio, e purtroppo anche Adonai è Dio. Perché la legge eterna è che non c'è luce senza ombra... Così la dottrina del satanismo è un'eresia, e la pura e vera religione filosofica è la fede in Lucifero, l'uguale di Adonai, ma Lucifero, il Dio della Luce e il Dio del Bene, combatte per l'umanità contro Adonai, il Dio delle Tenebre e del Male.

Questa è la vera religione della Massoneria.

Gli scopi e gli obiettivi della religione massonica, come descritto sopra, portano a rivoluzioni volte a rovesciare il

Regno di Dio sulla Terra. Il rovesciamento della Russia cristiana è stato un grande trionfo per le forze anticristiane, la loro sconfitta da parte del generale Franco in Spagna è stato un colpo catastrofico in cui è stata sconfitta anche la Massoneria, cosa che Franco non potrà mai perdonare. Se pensate che questo sia un collegamento tenue, ripensateci: il piano massonico per la separazione tra Stato e Chiesa negli Stati Uniti sta facendo a pezzi l'America, così come l'aborto, l'abbandono forzato delle preghiere a scuola e il divieto per i cristiani di celebrare adeguatamente i giorni santi di Pasqua, Pentecoste e Natale come feste nazionali. (Non alla maniera dei pagani con le uova di Pasqua, il Babbo Natale, ecc.)

Questi sono solo alcuni esempi di ciò che questa dottrina ha riconosciuto. La pressione massonica è una pressione potente! Per non dimenticare, o anche perché alcuni di noi non l'hanno mai saputo, i massoni in Francia hanno chiesto di ristabilire i legami con il governo bolscevico dopo una rottura delle relazioni diplomatiche a livello mondiale per protestare contro la violenza e lo spargimento di sangue della rivoluzione bolscevica. Il presidente massone Woodrow Wilson fu il primo a riconoscere il governo bolscevico, nonostante le forti proteste del Congresso. Il potere della massoneria è impressionante!

Eckert :

> I massoni hanno organizzato la Prima Guerra Mondiale; ammettono di essere i più feroci insorti e apostoli dell'assassinio al mondo.

L'assassinio dell'arciduca Ferdinando d'Austria a Sarajevo, generalmente considerato dagli storici come la scintilla che ha acceso l'Europa nella Prima Guerra Mondiale, è stato un affare massonico. Molte autorità, oltre a Eckert, concordano con questa affermazione. Dalla spiegazione del rituale, così come dalla storia secolare e dalle confessioni dei membri dell'Ordine, si può concludere a ragione che la Massoneria è una cospirazione contro l'altare, il governo e i diritti di proprietà, con l'obiettivo di stabilire su tutta la superficie della Terra un regno sociale teocratico, il cui governo politico-religioso avrebbe la sua sede a Gerusalemme. La condizione indispensabile per questa realizzazione è la distruzione dei tre ostacoli che vi si oppongono: la Chiesa cattolica, i governi nazionali e la proprietà privata.

L'obiezione di mezzo è in gran parte caduta. Non esiste un governo in cui la massoneria sia, se non benvenuta, almeno tollerata senza ostacoli. Mi chiedo spesso cosa ci sia nei governi che permette a questo cancro in mezzo a loro di superare tutti gli sforzi per frenare le sue attività. I governi non possono essere ciechi di fronte alla storia, che è piena di esempi di tradimento massonico. Perché allora questa diabolica società segreta, questa religione luciferiana, può esistere nelle nazioni cristiane? Perché è permesso a qualsiasi società segreta di esistere? Vorrei che qualcuno più esperto di me risolvesse questo dubbio che mi lascia così perplesso.

Ciò può essere dovuto al fatto che i governi di tutti i Paesi occidentali sono interamente controllati da un governo segreto parassitario, come quello che abbiamo descritto nel nostro libro sul Comitato dei 300, attraverso il suo Consiglio per le Relazioni Estere,[1] che è assolutamente luciferiano in tutti gli aspetti delle sue attività. Inoltre, abbiamo molte potenti religioni che non sono cristiane e, anzi, una grande religione che è decisamente anticristiana e

---

[1] Il famoso CFR, NDT.

che svolge un ruolo di primo piano in tutte le attività anticristiane.

I massoni considerano la distruzione di Cristo come uno scopo essenziale dei loro obiettivi religiosi, che sono ovviamente totalmente correlati alle loro aspirazioni politiche. L'America dovrà comunque pagare un prezzo per la "libertà religiosa" e questo prezzo sarà molto probabilmente la distruzione totale di questa grande Repubblica americana così come la conosciamo nella sua forma attuale. Se aprite le porte ai ladri, dovete aspettarvi che la vostra casa venga scassinata!

La menzogna massonica dell'"uguaglianza di tutte le religioni" è stata smascherata più volte come una ciarlataneria, una menzogna speciosa, ma vale la pena ripeterla: nella Massoneria non c'è libertà di religione. Non è tollerato alcun culto diverso da quello luciferiano e tutti gli altri sono denigrati. Il cristianesimo, in particolare, può aspettarsi un attacco di estrema ferocia quando i massoni avranno preso il controllo di tutti i governi secolari di questo mondo, come è il loro obiettivo spesso dichiarato.

Naturalmente, la Massoneria non diffonde le sue intenzioni dai tetti di tutte le città; anzi, come ho detto prima, la maggior parte dei suoi membri ignora completamente queste verità.

Per citare ancora una volta il Sommo Pontefice, Albert Pike:

> La Massoneria, come tutte le religioni, i misteri, l'ermetismo e l'alchimia, nasconde i suoi segreti a tutti tranne che agli Iniziati, ai Saggi o agli Eletti, e usa false spiegazioni e interpretazioni dei suoi simboli per

ingannare coloro che meritano di essere ingannati e per nascondere loro la verità, che si chiama luce, e separarli da essa.

Questa dichiarazione molto franca, la cui autenticità è contestata da alcuni massoni, è stata verificata da Preuss, una delle massime autorità in materia di Massoneria, ed è contenuta nelle carte di Pike conservate al British Museum di Londra. Non ci sono assolutamente dubbi sull'autenticità di questa citazione.

CAPITOLO 7

L'ORIGINE BRITANNICA DELL' INGANNO

Egli inglesi hanno fornito a questo mondo molti grandi ingannatori. Uno di questi mi viene in mente: Benjamin Disraeli, uno dei suoi più grandi Primi Ministri, anche se fino a quando non fu accolto quasi senza un soldo dai Rothschild, non era salito molto in alto. Ma questa è una storia che ho raccontato nel mio libro *La dinastia Rothschild*, una storia che è stata rivelata solo a pochissimi. Disraeli è riconosciuto come un'autorità in materia di Massoneria e, molto tempo dopo la fine della Rivoluzione francese, fece la seguente dichiarazione:

> Non furono i parlamenti, né il popolo, né il corso degli eventi a rovesciare il trono di Luigi Filippo... Il trono fu sorpreso dalle Società Segrete, sempre pronte a devastare l'Europa.

So che questa frase è stata citata molte volte in passato, ma ho ritenuto che valesse la pena inserirla in questo libro, semplicemente perché non è meno importante oggi di quando Disraeli la pronunciò nel 1852.

Non fatevi illusioni: le forze che hanno devastato la Francia e la Russia sono pronte a devastare gli Stati Uniti. Non presterete attenzione a come il Sudafrica è stato tradito e venduto al Nuovo Ordine Mondiale? Se non stiamo attenti, meritiamo il destino che probabilmente toccherà a tutti noi, a meno che non riusciamo a svegliare il popolo americano! Dico questo perché uno studio della storia segreta americana mette in luce l'influenza mortale e malvagia della Massoneria negli affari di questa nazione. I presidenti Lincoln e Garfield furono entrambi assassinati da massoni. Ci sono molte fonti indubbie che indicano che questi assassinii sono stati preparati e pianificati dai massoni e non si sono fermati qui. Il Presidente Reagan sfuggì per poco alla morte per mano di John Hinckley.

La Massoneria di Rito Scozzese ha pianificato numerosi complotti per assassinare figure politiche che sono diventate imbarazzanti per il potere massonico. Lo psichiatra che Hinckley consultò per la prima volta era un massone. Hinckley fu programmato per compiere l'assassinio, che fallì. In breve, Hinckley ha subito il lavaggio del cervello tanto quanto Sirhan-Sirhan. Come ho riferito in precedenti pubblicazioni, lo psichiatra di Hinckley, che in seguito testimoniò al suo processo, ricevette una sostanziosa "sovvenzione" dal Rito scozzese della Massoneria. C'è bisogno di dire altro?

A chi pensa ancora che la Massoneria sia un ordine filantropico, dedito a fare del bene, suggerisco di leggere ciò che Copin-Albancelli, un critico severo, e Louis Blanc, uno dei beniamini della Massoneria, hanno detto sull'Ordine. In un momento di candore, Blanc ha messo a nudo l'inganno della massoneria per tutti:

> Poiché i tre gradi della Massoneria ordinaria raggruppavano un gran numero di uomini opposti, a causa dello status e del principio di rovesciamento sociale, gli innovatori moltiplicarono i gradi come tanti gradini per salire la scala mistica, istituirono gli alti gradi come un

oscuro santuario, i cui portali si aprono agli iniziati solo dopo una lunga serie di prove (che) sono destinate a dimostrare il progresso della sua educazione rivoluzionaria, la costanza della sua fede e il tempio del suo cuore.

Blanc ha fornito questo fatto innegabile: la Massoneria è una delle più forti forze rivoluzionarie del mondo, e lo è stata fin dalla sua nascita. Ancora una volta, dobbiamo ringraziare un portavoce della Massoneria per averci aiutato a scoprire le prove necessarie a sostenere l'affermazione di cui sopra.

Ho notato che ogni volta che i massoni organizzano un grande banchetto, uno di loro si lascia andare e la verità viene fuori. Guardate la dichiarazione fatta dal massone Jacques Delpech in occasione di un banchetto molto grande e importante tenutosi nel 1902:

> Il trionfo del galileo è durato venti secoli, e muore a sua volta. La voce misteriosa che un tempo annunciava la morte di Pan sulla montagna dell'Epiro, ora annuncia la morte del Dio ingannatore, che prometteva un'era di giustizia e di pace a chi avrebbe creduto in lui. L'illusione è durata a lungo; il Dio bugiardo sta scomparendo a sua volta; sta per unirsi alle altre divinità dell'India, della Grecia e dell'Egitto, e anche di Roma, dove tante creature ingannate si sono gettate ai piedi dei loro altari. I massoni, siamo felici di dirlo, non si preoccupano di questa rovina dei falsi profeti.

La Chiesa romana, fondata sul mito galileiano, cominciò a declinare rapidamente il giorno in cui si formò l'associazione massonica... Da questo punto di vista politico, i massoni hanno spesso variato, ma da tempo immemorabile, i massoni sono rimasti fermi su questo principio, guerra a tutte le superstizioni, guerra a tutti i fanatismi.

L'originale di questa dichiarazione è conservato al British Museum di Londra. Ho citato un estratto di questa dichiarazione all'inizio di questo libro, ma riflettendoci ho ritenuto opportuno includerla per intero, poiché la considero la più rivelatrice mai pronunciata da un massone di alto livello.

Forse meno noto è il ruolo svolto dalla Massoneria nella Guerra tra gli Stati, nota anche come Guerra civile americana. Un'autorità in materia è l'autore Blanchard, che nel suo libro, *Scottish Rite Masonry*, Volume II, pagina 484, afferma di questo tragico conflitto:

> Questo è l'atto più infame della guerra massonica, avendo bruciato i loro archivi di 59 anni prima della guerra per nascondere il tradimento. Ma allora la schiavitù dominava il Paese e il Charleston del 33 grado dominava le logge. E le logge sudiste si prepararono alla guerra più ingiustificabile e infame di sempre. I sudisti vi furono condotti dai leader, che giurarono segretamente di obbedire agli ordini e ai capi massonici, o di essere sgozzati!

Che cosa ha fatto la Massoneria finora? In primo luogo, la sua guerra contro Cristo e la Chiesa si è intensificata attraverso un massiccio revival della stregoneria e la stupefacente diffusione dello gnosticismo nell'ultimo decennio (vedi il mio libro *Satanismo*).

Si intensificò anche la lotta con la Chiesa cattolica. Nel 1985, il numero di gesuiti presenti nei consigli superiori del Vaticano era più alto che in qualsiasi altro momento della storia cattolica. Il suo ordine para-militare, la Compagnia di Gesù, è riuscito a diffondersi in tutto il mondo e a creare scompiglio tra le nazioni, tra cui lo Zimbabwe, il Nicaragua, le Filippine e il Sudafrica, e anche in larga misura negli Stati Uniti d'America, dove ha stabilito una vera e propria fortezza-centro di comando da cui è penetrata in tutti i rami del governo. Ha generato uno spirito di anarchia che si sta diffondendo nel mondo in molte forme, non ultima quella della musica "rock" e della sua gemella, la cultura della droga, nonché l'ondata di terrorismo internazionale. Vale la pena ricordare che, secondo Cristo, Lucifero rappresenta l'anarchia e la ribellione, di cui è il padre. Nell'esaminare i progressi della Massoneria, torniamo indietro al suo primo grande trionfo, la sanguinosa Rivoluzione francese. Ancora una volta, ricordate le parole di Cristo: Satana è un assassino assetato di sangue, e lo è sempre stato.

La Massoneria ha svolto il ruolo principale nella pianificazione e nell'esecuzione della Rivoluzione francese. Per chi non l'avesse letto, consiglio il libro *La rivoluzione francese,*[2] di Nesta H. Webster. È uno dei libri meglio studiati che dimostra, senza ombra di dubbio, che la Rivoluzione francese è stata un'impresa della Massoneria, finanziata dai Rothschild, che hanno espresso in questo modo il loro odio di lunga data per Cristo.

Lo stesso vale per la terrificante rivoluzione bolscevica del 1917. In entrambi i casi vediamo come guida lo spirito della Massoneria, in particolare della Massoneria britannica. Prima di allora abbiamo assistito alla guerra anglo-boera, un tentativo crudele e implacabile di spazzare via una piccola nazione pastorale di cristiani timorati di Dio, il

---

[2] *La Rivoluzione francese, uno studio sulla democrazia,* Tradotto per la prima volta in francese da Omnia Veritas, www.omnia-veritas.com

primo atto di genocidio, compiuto unicamente per ottenere il controllo delle ricchezze minerarie che giacciono sotto il suolo del Sudafrica. Sì, è stato il primo genocidio registrato contro una nazione. Massoni di spicco come Lord Palmer e Alfred Milner la perpetrarono contro quella che consideravano una nazione inferiore "a buon mercato" (secondo le parole di Cecil Rhodes), la nazione bianca e cristiana dei contadini boeri.

Durante questa guerra si è assistito al primo utilizzo dei campi di concentramento e a una guerra totale contro la popolazione civile (in opposizione all'esercito), che ha portato alla morte di 27.000 donne e bambini. La crudele guerra di Crimea fu un'altra pietra miliare nella progressione della Massoneria universale.

La guerra d'Abissinia, un'altra guerra genocida, fu iniziata al solo scopo di spaccare l'Italia e indebolire la Chiesa cattolica. Non era altro che un complotto della Massoneria dall'inizio alla fine. Il generale Rodolfo Grazziani era un massone di primo piano, e l'intera vicenda era stata pianificata da Mazzini, un maestro massone e un maestro intrallazzatore della rete massonica.

Non c'è da stupirsi che Mussolini abbia vietato la Massoneria in Italia nel 1922 e abbia esiliato alcuni dei suoi leader, come Bartelemeo Torregiani. Come di consueto, si recarono a Londra, la capitale mondiale dei movimenti sovversivi e ribelli di ogni genere, dove la stampa britannica cercò di ingannare il popolo britannico riferendo che i massoni italiani non erano "benvenuti", per citare un importante giornale che pubblicò questa storia nel 1931.

Come già detto, la cosiddetta guerra civile spagnola fu un

tentativo di installare un governo comunista e di rovesciare la Chiesa cattolica in Spagna. Si trattava di un altro complotto massonico, da qualsiasi punto di vista lo si guardi. I massoni approfittarono dei disordini civili che le loro forze avevano suscitato per lanciare un furioso e sanguinoso assalto alla Chiesa cattolica. Le statistiche ufficiali mostrano che 50.000 suore e sacerdoti hanno perso la vita nel modo più crudele e disumano possibile. L'odio per la Chiesa cattolica era così violento che, in un'azione terribile, le truppe socialiste dissotterrarono i cadaveri di suore e sacerdoti e li allinearono in posizione seduta contro le pareti di una chiesa, misero loro in mano delle croci e rimproverarono, denunciarono e maledissero i morti con ogni vile invettiva che riuscirono a trovare.

Con la stampa occidentale, allora come oggi, nelle mani della Massoneria, i "lealisti" (i comunisti, la cui unica fedeltà era a Lucifero) erano sostenuti dalla stampa mondiale. Durante i miei studi al British Museum, ho letto a fondo la copertura giornalistica della guerra e ho anche guardato numerosi "servizi giornalistici" e documentari sull'argomento, in particolare alcuni dei "servizi giornalistici", che erano ovviamente opera del Tavistock Institute.[3]

Senza eccezioni, i nemici dell'umanità sono stati sommersi di lodi, adulazioni, sostegno e conforto, mentre le forze della Spagna cristiana, sotto la guida del generale cristiano Franco, sono state sottoposte a tutte le calunnie infondate e alle accuse di brutalità che la nostra stampa bugiarda dell'Occidente è così brava a escogitare e a portare avanti. Oserei dire che se Cristo stesso avesse guidato le forze della

---

[3] Cfr. John Coleman *The Tavistock Institute*, Omnia Veritas Ltd, www.omnia-veritas.com.

Spagna cristiana, i venduti della stampa sarebbero riusciti in qualche modo a minare persino i suoi sforzi!

CAPITOLO 8

ASSASSINII MASSONICI DI LEADER MONDIALI

Il complotto massonico per assassinare l'arciduca Ferdinando a Sarajevo riuscì, e la Prima Guerra Mondiale, con il suo terribile tributo di cristiani bianchi massacrati, ne fu il risultato. La Prima e la Seconda Guerra Mondiale sono state il risultato di intrighi, complotti e pianificazioni della Massoneria.

Ho già citato gli assassinii dei Presidenti degli Stati Uniti Lincoln, Garfield, McKinley e Kennedy. Gli assassinii da parte dei massoni non si sono limitati ai presidenti americani, ma hanno coinvolto un'ampia gamma di personaggi illustri della storia.

Ci sono molte altre vittime degli assassini massonici, come il rappresentante L. McFadden, presidente della Commissione bancaria della Camera, che ha cercato di fermare la Federal Reserve Bank, una banca privata. Non è né federale né una banca di riserva, ma uno strumento di schiavitù controllato dalla Massoneria.

È certamente risaputo che Paul Warburg, un massone tedesco di 33 grado, è stato l'autore degli articoli che sono riusciti a sovvertire la Costituzione degli Stati Uniti creando le Federal Reserve Banks nel 1913. I massoni del Senato degli Stati Uniti ne hanno garantito l'approvazione come "legge".

Solo due dei cospiratori che lasciarono Hoboken nel vagone privato sigillato il 22 novembre 1910, diretti a Jekyll Island, al largo della costa della Georgia, per pianificare le banche della Federal Reserve, non erano massoni. Nei documenti ufficiali ci sono pochi riferimenti a questa cospirazione per sovvertire la Costituzione. Anche il colonnello Mandel House (un massone di primo piano, che fu il controllore del presidente Wilson, che firmò il Federal Reserve Act) non ne fa menzione.

Come al solito, quando sono in gioco gli interessi vitali del popolo americano, la stampa canaglia, come il *New York Times*, non ritiene opportuno informare il popolo americano di questi spregevoli atti di tradimento. Perché il 1913 è stato importante? Perché senza le Federal Reserve Banks non sarebbe stato possibile per la Massoneria portare avanti la Prima Guerra Mondiale! In quella guerra, e nella Seconda Guerra Mondiale, le fabbriche di munizioni di proprietà dei banchieri internazionali (una parola per indicare banchieri e gangster) non furono mai toccate! La moneta "elastica" della Federal Reserve Bank forniva il denaro per il commercio di armi, quindi si può essere certi che nessuno, da entrambe le parti del conflitto, sarebbe stato così sciocco da distruggere i beni dei banchieri, cioè le loro fabbriche di armi e munizioni.

Ritengo che i veri "internazionalisti" siano i commercianti di armi dei Paesi occidentali. Questi uomini che lavorano sotto la direzione dei massoni hanno due obiettivi: creare e prolungare le guerre e distruggere la pace attraverso il terrorismo internazionale. Poi per sfruttare le guerre che credono seguiranno. Le banche non conoscono confini nazionali e non devono fedeltà a nessun Paese. Il loro Dio è Lucifero.

Se possibile, prendete una copia di *Arms and the Men*, un piccolo libro pubblicato da Fortune Magazine, e leggetelo attentamente. Avrete così un'idea chiara di chi c'è dietro il terrorismo internazionale e, cosa forse più importante, la prova che la Massoneria è la forza demoniaca in libertà nel mondo di oggi, responsabile delle Brigate Rosse (successore del gruppo terroristico massonico La Roja - I Rossi) e delle molte centinaia di gruppi terroristici organizzati che operano in tutto il mondo!

Un altro dei più grandi successi e conquiste della Massoneria è l'uso di droghe indotte artificialmente e la fulminea proliferazione del "commercio" in tutto il mondo occidentale. Il ruolo della Cina (il principale fornitore di oppio grezzo) nel conflitto in Vietnam è stato quello di rendere le truppe americane dipendenti dall'oppio, in modo che portassero con sé il loro vizio in America. La Cina è riuscita in questo intento. Le statistiche mostrano che il 15% dei militari americani in Vietnam è diventato dipendente dall'eroina! I capi del narcotraffico sono massoni di primo piano.

Se vi sembra difficile da credere, lasciate che vi ricordi i più grandi sfruttatori di oppio che il mondo abbia mai conosciuto: il governo britannico. La politica ufficiale del governo britannico in materia di oppio per la Cina ha prodotto milioni di fumatori di oppio. Lord Palmerston, massone di 33 grado di rito scozzese, era responsabile di questo insidioso commercio. I profitti di questa impresa satanica finanziarono almeno una grande guerra contro Cristo: la guerra anglo-boera (1899-1902).

Cosa è successo alla Principessa Grace di Monaco? La sua auto è ancora sotto controllo nel cortile della polizia di Monaco. Nessuno è autorizzato a ispezionarlo. E perché no? Perché Grace è stata uccisa dagli uomini dell'Ordine massonico P2 (il ramo più segreto della massoneria italiana) per avvertire il marito di non appropriarsi dei profitti delle sue operazioni di doping in Colombia e Bolivia!

L'illegalità della Corte Suprema degli Stati Uniti è di ispirazione massonica. La Corte Suprema, priva di leggi, ha dato all'America l'aborto, una parola gentile per indicare l'omicidio di almeno 50 milioni di bambini innocenti e indifesi, incapaci di proteggersi da soli! Che Dio onnipotente ci perdoni per aver permesso a Lucifero di uccidere i non nati.

Re Erode era un vile assassino di bambini, ma i mulini abortisti lo fanno sembrare un santo al confronto. I giudici favorevoli all'aborto che scaldano gli scranni della Corte Suprema sono meglio di Erode? L'illegalità della Corte Suprema che ha bandito le preghiere dalle nostre scuole è un altro trionfo della Massoneria. Lucifero è l'epitome dell'illegalità e la Corte Suprema degli Stati Uniti, controllata dalla Massoneria, sta portando avanti il suo programma illegale negli Stati Uniti di oggi.

> Mi innalzerò al di sopra dell'altezza delle nubi, sarò come l'Altissimo (Isaia, capitolo II, versetto 14)

Questo è ciò che ha fatto la Corte Suprema degli Stati Uniti. Si è posta al di sopra dei due più grandi documenti mai scritti, la Bibbia e la Costituzione degli Stati Uniti! Finché non porremo rimedio a questa terribile situazione, gli Stati Uniti continueranno ad andare alla deriva e alla fine cadranno come una prugna matura nelle mani della cospirazione mondiale controllata da Lucifero che chiamiamo Massoneria. Nel libro della Genesi, capitolo 3, versetto 15, leggiamo che Dio ha dichiarato guerra a Lucifero. Questo conflitto è in corso proprio ora. Cosa stiamo facendo al riguardo?

Passiamo il nostro tempo a farci anestetizzare dallo spettacolo sportivo in televisione o facciamo la nostra parte per avvertire i nostri concittadini che la rovina di questa grande nazione è imminente? Se non ci svegliamo dal nostro cieco torpore e non ci uniamo alla guerra di Dio contro Lucifero, siamo di scarso valore come soldati di Cristo.

Gesù ha detto che Caino è stato il primo fuorilegge della terra. Il movimento della Massoneria onora Caino con la sua parola d'ordine, Tubal Cain. La massoneria non può coesistere con il cristianesimo. O la Massoneria trionferà o il Cristianesimo la distruggerà. L'assassinio di Cristo è stato l'atto più illegale mai commesso nell'universo, ma la Massoneria lo applaude. Una delle sue grandi figure, Proudhon, disse:

> Dio è viltà, follia, tirannia, male. Per me allora, Lucifero, Satana!

Il comunismo è un complotto massonico per far avanzare il regno di Lucifero in barba al piano di Dio per il Suo popolo sulla Terra. Quando ci rendiamo conto di queste cose, molti pezzi del puzzle inizieranno a combaciare.

Il tipo di educazione che riceviamo nelle nostre scuole e università non ci permetterà di combattere questi mali, perché la conoscenza di queste cose ci viene deliberatamente nascosta dai nostri controllori dell'educazione.

Nelle nostre università non troverete nulla sul fatto che la Federal Reserve Bank è un'entità illegale e privata. Non troverete nulla nemmeno sul governo segreto degli Stati Uniti, il Comitato dei 300 e il suo Consiglio per le Relazioni Estere, che sta tradendo e consegnando questa grande nazione nelle mani di un governo mondialista - il Nuovo Ordine Mondiale. È un piano massonico, parte del loro sforzo universale per distruggere completamente il cristianesimo e cancellarlo dalla faccia della terra.

È il massimo atto di anarchia. Ricordate che Cristo è venuto a liberarci dalla legge babilonese, su cui si basa la Massoneria. Cristo ha detto che Satana è un fuorilegge, perché è venuto sulla Terra illegalmente, cioè senza un corpo. Ecco perché Cristo ha dovuto nascere da una donna, per poter essere legalmente sulla Terra.

Solo chi ha un corpo è legalmente sulla terra. Satana è entrato in questo mondo dalla porta di servizio. (A causa di Satana, che i massoni adorano, gli Stati Uniti sono caduti in una situazione disperata. Forse siete un massone dei gradi inferiori e dite: "Sono massone da anni e nella nostra Loggia non succede mai niente del genere.

A te e ad altri come te, permettimi di dire: "Sei stato ingannato. La stragrande maggioranza dei massoni non viene mai informata di ciò che accade nel 33 grado.

Come ha detto Eckert:

> Ho detto e ripeto che molti massoni, anche nei gradi massonici, non sospettano il significato nascosto dei simboli che usano per ciò che viene insegnato e praticato

nei gradi più alti.

Un'altra autorità in materia di massoneria, Dom Benoit, ha affermato:

> Il Rito Riformato del Palladio ha come pratica e scopo fondamentale l'adorazione di Lucifero, ed è pieno di empietà e di tutte le infamie della magia nera.
>
> Dopo essersi affermata negli Stati Uniti, ha invaso l'Europa e ogni anno compie progressi spaventosi. Tutto il suo cerimoniale è pieno, come si può immaginare, di bestemmie contro Dio e contro nostro Signore Gesù Cristo.

C'è bisogno di dire altro?

CAPITOLO 9

FATTI PRECEDENTEMENTE TRASCURATI

La cosa che non possiamo ignorare della Massoneria è che si tratta di un movimento sovversivo. La Massoneria significa molte cose per molte persone, ma il filo conduttore che attraversa la storia della Massoneria è la sua costante caratteristica di segretezza per la propria sicurezza. Tutte le società segrete sono sovversive, alcune sono anche occulte e politiche, ma questi fatti sono nascosti al corpo principale dei massoni, che raramente vanno oltre il quarto grado.

La massoneria è un'organizzazione che ama la segretezza e odia coloro che cercano di smascherare la sua intrinseca malvagità. Ha un feticismo per la segretezza. La massoneria deve essere esposta. Una casa aperta sarebbe un suicidio per il movimento. Lo scopo di questo libro è quello di fare luce sulla Massoneria, che è così intrecciata con i Gesuiti e la Nobiltà Nera, che sarebbe impossibile parlare della Massoneria in modo isolato, senza fare qualche riferimento ai suoi cospiratori.

Questo diventerà evidente man mano che procederò con il mio libro. Il cosiddetto credo massonico è descritto abbastanza bene da Leone Tolstoj, che, pur non essendo massone, ne ha dato un resoconto chiaro, qualificato da una simpatia un po' eccessiva per la Massoneria e alcuni dei suoi principi.

Tolstoj descrive la "fratellanza" (la pietra angolare della Massoneria, degli Illuminati e del Comunismo) come segue:

> Solo posando pietra su pietra, con la collaborazione di tutti i milioni di generazioni, dal nostro antenato Adamo fino ai giorni nostri, il Tempio sarà eretto, per essere una degna dimora del grande Dio.

Non ci dice che la lettera "G", simbolo della Massoneria, rappresenta lo gnosticismo e non Dio. Tolstoj prosegue dicendo che:

> Il primo e principale obiettivo del nostro Ordine, il fondamento su cui poggia e che nessun potere umano può distruggere, è la conservazione e la trasmissione, fin dalle prime epoche, dal primo uomo, di un mistero da cui può dipendere il destino dell'umanità. Ma poiché questo mistero è di natura tale che nessuno può conoscerlo o usarlo senza esservi preparato con una lunga e diligente autopurificazione, non tutti possono sperare di raggiungerlo rapidamente, da qui uno scopo secondario: quello di preparare i nostri membri, per quanto possibile, a riformare i loro cuori, a purificare e illuminare le loro menti, con i mezzi che ci sono stati tramandati dalla tradizione.

È proprio questo l'obiettivo degli Illuminati e di molte altre società segrete come i Rosacroce e i Gesuiti. La Nobiltà Nera crede di essere stata in qualche modo dotata di conoscenze speciali e di essere stata scelta per governare "dall'antichità".

È così che si possono vedere i denominatori comuni tra la

massoneria e le altre società segrete occulte di cui il mondo è oggi così pesantemente infestato. Che la massoneria sia interamente un'oscura menzogna si può dedurre dalle parole di Cristo, che disse

> ... che gli uomini amano le tenebre (luoghi segreti) piuttosto che la luce, perché le loro azioni sono malvagie.

È la nozione di una tradizione di lunga data e di fondamentale importanza che dà alla Massoneria la sua motivazione. Tutti gli ordini segreti, persino il sacerdozio egiziano, erano tenuti insieme e ricevevano potere e autorità sulla base del presupposto che conoscessero cose segrete che la gente comune non sapeva. Ancora Tolstoj:

> Il terzo obiettivo è la rigenerazione dell'umanità.

Questi sono i sette gradini del tempio di Salomone. A questo punto ricorderò che Salomone è stato probabilmente il più grande mago mai esistito. In tempi moderni, un giovane rom, nato e vissuto negli Stati Uniti, che si faceva chiamare David Copperfield, è diventato famoso come grande mago. Gli zingari rom sono noti da tempo come praticanti di trucchi magici e Copperfield raggiunse grandi vette prima che la sua carriera crollasse a causa del suo arresto per stupro. Poiché credo, come afferma anche l'Antico Testamento, che il cristianesimo non poggi su un fondamento di magia, sono propenso a non considerare la saggezza di Salomone come poco influente sugli insegnamenti di Cristo. La mia opinione personale è che il cristianesimo non dipende interamente dall'Antico Testamento. Il cristianesimo è iniziato davvero con il Cristo di Galilea. Cristo non proveniva da Gerusalemme, da Salomone o dalla stirpe davidica. Pertanto, i cristiani devono respingere a priori come propaganda l'idea che la massoneria sia basata sul cristianesimo, perché parla tanto di Salomone.

Se studiamo questo punto, avremo una migliore comprensione sia della Massoneria che del Cristianesimo. La mia opinione personale è che Cristo abbia inizialmente limitato il suo ministero alla Galilea, ma sia stato convinto dai suoi seguaci a intraprendere una crociata missionaria verso Gerusalemme. Non molto tempo dopo il suo viaggio missionario in quella città, il Sinedrio lo condannò alla crocifissione. Non credo che i trucchi magici di Salomone abbiano a che fare con il cristianesimo, così come non ne ha la massoneria. Mi chiedo quanti di noi si siano mai soffermati a riflettere sugli stretti legami tra massoni e templi.

I sette gradini del tempio di Salomone dovrebbero significare :

❖ Discrezione
❖ Obbedienza
❖ Morale
❖ L'amore per l'umanità
❖ Il coraggio
❖ Generosità
❖ L'amore
❖ Decessi

Ancora una volta, richiamo la vostra attenzione sull'aumento delle scene funebri in quasi tutti i film di Hollywood e della televisione negli ultimi 20 anni. Vorrei sottolineare che l'obiettivo è quello di instillare in tutti noi un atteggiamento spensierato nei confronti della morte, che è in diretta opposizione all'insegnamento di Cristo, il quale ha detto che la morte è l'ultimo nemico da sconfiggere. Quando cominciamo a considerare la morte come un semplice nulla, la civiltà rischia di regredire nella barbarie.

Man mano che ci abituiamo ad accettare la morte con disinvoltura, la nostra sensibilità (si spera) si affievolisce: il normale orrore cosciente dell'omicidio di massa finirà per lasciare il posto a un senso di incoscienza. Vi dico che tutti noi subiamo costantemente il lavaggio del cervello. Ricordate questo punto la prossima volta che vedrete un film che include la scena quasi obbligatoria della sepoltura in una tomba. L'intenzione è quella di generare una mancanza di rispetto per l'individualità di ciascuno di noi. Non siamo una massa di persone, siamo individui.

L'accettazione disinvolta della morte va contro gli insegnamenti di Cristo ed è coerente con le dottrine dei massoni e di molte altre società segrete il cui carattere e scopo sono decisamente satanici. Frank King, autore di un notevole libro su Cagliostro, il massone che si dice abbia "scoperto" il rito egiziano della Massoneria, afferma che la cerimonia di iniziazione subita da Cagliostro "era molto simile a quella che si svolge oggi nelle logge massoniche". Include diverse scene innocue ma poco dignitose, che avevano lo scopo di impressionare il candidato.

L'iniziato viene issato al soffitto e lasciato appeso, a significare la sua impotenza senza l'aiuto divino. Viene trafitto con un pugnale, la cui lama collassa nell'impugnatura per sottolineare il destino che gli sarebbe toccato se avesse tradito i segreti dell'Ordine. Dovette inginocchiarsi, spogliandosi dei vestiti, per mostrare la sua sottomissione al Maestro della Loggia. Cagliostro, un grande mago, in visita a Londra, si imbatté in un libro sul Rito Egizio. Il libro è di George Gaston. La cosa impressionò talmente Cagliostro che iniziò a promuoverla, chiamandola "Rito Egizio della Massoneria" e rivendicandola come propria. Cagliostro sosteneva che il Rito egiziano fosse più solenne e antico della Massoneria regolare. Presentò la sua "scoperta" come un "Ordine Superiore della Massoneria", aperto solo ai massoni di grado 25 e superiore. Come l'autore originale, Gaston, Cagliostro sosteneva che i fondatori del Rito Egizio fossero Elia ed Enoch e che, come loro, i membri dell'Ordine massonico di Rito Egizio non sarebbero mai morti, ma sarebbero stati "trasportati" dopo la morte, rinascendo ogni volta dalle ceneri per vivere dodici vite.

Non c'è dubbio che i massoni "purificati" trovassero molto piacevole la prospettiva di non dover morire e di essere investiti di dodici vite, tanto che ci furono diversi convertiti al Nuovo, o forse dovrei dire Antico, Ordine di Cagliostro, in particolare il Feldmaresciallo Von der Recke e la Contessa Von der Recke della Nobiltà Nera, le cui famiglie possono essere fatte risalire ai Guelfi Neri veneziani. Lo straordinario Cagliostro, maestro di magia e "Salomone" del suo tempo, fu ammesso alla Loggia Hope dei massoni di Kings Head a Londra nel 1776. Dopo 14 mesi a Londra, partì per promuovere il suo "nuovo" rito a Roma sotto il naso dei suoi nemici cattolici e fu presto arrestato dal Papa. Se non sapessimo nulla di più sulla Massoneria, sarebbe già chiaro che essa è la diretta discendente dei culti orfici e pitagorici, e non ha nulla a che fare con il Cristianesimo, e ancor meno con il culto di Dio, che, come ho detto, la Massoneria non ci dice mentre afferma con orgoglio che la lettera "G" rappresenta Dio. Se la Massoneria fosse fondata sul cristianesimo, non odierebbe la Chiesa cattolica con tanto accanimento e violenza.

CAPITOLO 10

LA CHIESA CATTOLICA: NEMICO GIURATO DELLA MASSONERIA

Fin dai primi giorni della sua storia, la Chiesa cattolica ha denunciato la massoneria come intrinsecamente malvagia. La Chiesa protestante, invece, e in particolare il suo ramo anglicano, non solo ha tollerato apertamente la massoneria, ma in alcuni casi alcuni membri della gerarchia della Chiesa anglicana ricoprono alte cariche nella massoneria. Ci sono molti casi in cui i sacerdoti anglicani controllano le logge più segrete e importanti, tra cui la Loggia Quator Coronati a Londra e la famigerata Loggia delle Nove Sorelle[4] nel 15 arrondissement di Parigi. La Massoneria ha sprezzantemente dichiarato di non temere il protestantesimo, considerandolo la progenie bastarda del cattolicesimo, suo mortale e temibile nemico.

La Chiesa protestante non può opporsi efficacemente alla diffusione della Massoneria. La Massoneria insegna come un dato di fatto che la Massoneria è l'unica alternativa possibile al Cattolicesimo, che Mazzini (un massone di primo piano che ha avuto un ruolo così decisivo nel portare alla guerra civile americana) ha denunciato con la massima ferocia. È perfettamente esatto dire che la Massoneria

---

[4] La famosa Loggia delle Nove Sorelle, alla quale si dice appartenesse Benjamin Franklin.

semplicemente ignora la Chiesa protestante.

Un massone di 33 grado mi ha detto:

> Oggi siamo la prima religione del mondo. Siamo più vecchi e più saggi della Chiesa cattolica, ed è per questo che ci odia così tanto. L'uomo che si unisce a noi si sente membro di una religione fondamentale, di una società segreta, custode dei più antichi misteri delle forze della vita e dell'universo. Non abbiamo il problema che ha la religione organizzata di ispirare nei suoi seguaci il profondo senso di scopo che noi infondiamo nei nostri membri. Guardate i cattolici in Africa e in Sud America. Direbbe che sono pervasi da un profondo senso di scopo, di appartenenza?

Naturalmente, il mio amico massone non si è preoccupato di spiegarmi che la Massoneria si basa sull'inganno e che il suo vero scopo è l'adorazione di Lucifero. Continuando la sua opera di propaganda nei miei confronti (mi stava infatti offrendo l'adesione alla sua Loggia), disse:

> L'iniziato che accettiamo emerge con la sensazione di un universo ben ordinato, dove i suoi obiettivi e le sue mete sono improvvisamente definiti con chiarezza. Alle sue spalle c'è una tradizione che risale ad Adamo. La nozione di fratellanza dell'uomo gli dà un nuovo senso di appartenenza alla razza umana. Inoltre, il mondo è pieno di fratelli massoni benevoli che non lo deluderanno. Si tratta, ovviamente, di un'attrazione importante che la Chiesa cristiana trascura completamente. Finché la Chiesa cristiana non imparerà a prendersi cura delle persone, degli altri, in termini pratici e quotidiani, il cristianesimo continuerà ad appassire.

Non c'è dubbio che in tutti noi c'è un forte desiderio di

soddisfare i nostri bisogni fisici. La sicurezza è fondamentale e il mio amico massone ha certamente ragione. Mentre Billy Graham e i suoi colleghi "televangelisti" si occupano ovviamente molto bene delle proprie esigenze, i membri principali dei loro ministeri non sono affatto curati a livello pratico. C'è una totale mancanza di amore fraterno e di preoccupazione per gli altri tra i cristiani. Nessuno può negare l'esistenza di un difetto così evidente e la gravità del problema. In questo senso, potremmo ispirarci alla massoneria, che si prende cura dei suoi membri. Qualunque sia la relazione incestuosa tra la Massoneria, la Nobiltà Nera e i Gesuiti, il loro desiderio e obiettivo comune è quello di rovesciare l'ordine esistente e distruggere il Cristianesimo. Che siamo cattolici o protestanti, è nostro dovere opporci con tutte le nostre forze al loro obiettivo. Tutte le grandi cospirazioni sono cementate e legate tra loro, alimentate da potenti motivazioni ideologiche - nel caso della Massoneria, un odio comune verso il Cristianesimo. Possiamo includere nella loro "lista dell'odio" l'odio per i veri ideali repubblicani e per gli Stati nazionali.

Cosa hanno in comune i cospiratori, a parte quanto detto sopra? La risposta è che sono sostenuti al cento per cento dall'immensa ricchezza delle "vecchie famiglie" e persino, stupidamente, da alcuni reali. In America sono pienamente sostenuti dal CFR, discendente dell'Essex Junto, uno degli organismi cospiratori che hanno dato il via alla Guerra Civile e quasi rotto l'Unione con l'aiuto delle famiglie più ricche di Boston. I discendenti delle più antiche e rispettabili famiglie di Boston stanno continuando il lavoro dell'Essex Junto, cercando di smantellare gli Stati Uniti - e sono sostenuti da alcune delle più ricche dinastie bancarie del mondo.

Questa banda di traditori ha un alleato in Vaticano, una certa Clarissa McNair, che trasmetteva propaganda antiamericana alla Radio Vaticana. Protetta da alcuni massoni di spicco, riuscì a sopravvivere all'ira del papa.

La destabilizzazione della Polonia, che ha spianato la strada all'invasione pianificata, è stata guidata dal massone di formazione gesuita Zbigniew Brzezinski, che ha "creato" Solidarność[5] , il falso sindacato, solo per destabilizzare il governo del generale Jaruzelski. Il Papa spiegò che lui, Lech Walesa, era solo uno strumento nelle mani di forze più grandi. Dopo il loro incontro, Walesa è scomparso dalla scena politica. Con una o due eccezioni, la maggior parte dei papi è nemica della massoneria e si oppone costantemente ai gesuiti. Papa Giovanni Paolo II ha causato costernazione negli ambienti gesuiti nominando l'antigesuita Paola Dezzi a capo dell'ordine. "Metterò ordine nell'Ordine", ha detto il Papa.

I casi sopra citati, la Polonia e l'opposizione ai gesuiti, sono solo due dei tanti casi in cui i papi sono stati coinvolti in battaglie con la massoneria. Pochissimi conoscono gli sforzi diplomatici di Papa Giovanni Paolo II, come i suoi ripetuti avvertimenti all'America di abbandonare il suo cieco approccio pro-Israele alla politica mediorientale, un atteggiamento che secondo il Papa avrebbe portato alla Terza Guerra Mondiale.

La Polonia non è l'unico caso di tradimento deliberato nel governo occidentale dalla Seconda guerra mondiale. Ricordo che fu un certo Klugman a introdurre nel KGB i traditori, agenti britannici dell'MI6 di nome Burgess, McLean e Philby. Philby, massone da sempre, ottenne il

---

[5] Solidarnosc in polacco.

lavoro nel SIS (Special Intelligence Service) grazie a Sir Stuart Menzies, massone di rito scozzese ed ex direttore del SIS. Anthony Blunt, Custode del Cigno della Regina e spia straordinaria, ha iniziato la sua carriera come traditore dopo essersi unito ai massoni.

Per tutta la sua carriera, Blunt fu protetto da uomini di alto livello del SIS, colleghi massoni che, come lui, erano devoti alla causa della massoneria. Il SIS è pieno di talpe massoniche del KGB. Un altro fatto scandaloso è che Scotland Yard è gestita da cima a fondo dai massoni di rito scozzese. La massoneria utilizza metodi sottili di controllo. Agli inizi della sua storia, non è sempre stato così. Per raggiungere i suoi obiettivi era più incline a usare la forza pura e semplice di quanto non lo sia oggi. Un esempio davvero notevole di ciò di cui sto parlando è Cagliostro, che ho citato prima. Cagliostro era accusato di furto quando un marchese siciliano, massone da 33 , interruppe il processo saltando addosso al pubblico ministero e facendolo cadere a terra. Le accuse contro Cagliostro furono rapidamente ritirate. Questo resoconto è stato verificato dall'autorità massonica W.R.H. Towbridge e da Goethe. Oggi i gesuiti della Nobiltà Nera massonica non usano la forza diretta, se non per dare una lezione di avvertimento ai membri erranti, come vediamo con l'impiccagione rituale di Roberto Calvi e la morte di Grace Kelly. Calvi era il direttore del Banco Ambrosiano, colpevole di aver perso diversi milioni di denaro in massoneria. Fuggì in Inghilterra per cercare la protezione dei suoi amici, ma si trovò in una trappola fatale. Fu impiccato dai massoni secondo il loro rituale. Quando se ne presenta l'occasione, i massoni non rifuggono dalla violenza. I giuramenti cruenti pronunciati a ogni grado sono brutali e ripugnanti.

L'autore John Robinson afferma nel suo libro *Born in*

Blood:

> ... Avere la lingua strappata, il cuore strappato dal petto, il corpo tagliato in due con le interiora ridotte in cenere sembra essere un eccesso di violenza, letteralmente, ed è contrario alla legge di qualsiasi paese in cui operano i massoni, così come a tutte le religioni che i massoni accolgono in fraternità.

John Quincy Adams, che fu il sesto Presidente degli Stati Uniti, si oppose in modo particolare e veemente alla Massoneria.

Come dice Robinson nel suo libro :

> Adams non perdeva occasione per condannare la massoneria. Si appellò a tutti i massoni affinché abbandonassero l'ordine e contribuissero ad abolirlo una volta per tutte, in quanto totalmente incompatibile con una democrazia cristiana. Scrisse così tante lettere contro la Massoneria che potrebbero riempire un libro. In una lettera all'amico Edward Ingersoll del 22 settembre 1831, l'ex presidente riassume il suo atteggiamento nei confronti dei giuramenti massonici e del loro impato sulla fratellanza.

Gli storici e gli studiosi della massoneria e della Costituzione degli Stati Uniti non sono d'accordo sul fatto che le affermazioni secondo cui la massoneria avrebbe messo radici tra i Padri fondatori siano rimaste saldamente radicate nella giovane Repubblica. La versione finale della Costituzione è stata scritta da molte menti brillanti, ma è stato dimostrato che i massoni sono stati responsabili di gran parte di essa.

Thomas Jefferson, la cui prosa costituisce la maggior parte del documento, era tuttavia fortemente contrario alla

Massoneria. Gli altri autori principali furono George Washington, Benjamin Franklin e John Adams. Pur non essendo massone, Adams sarebbe stato d'accordo con Washington e Franklin. Jefferson rimane l'intruso. Ma come ha fatto con Cagliostro, la Massoneria si prende sempre cura di se stessa.

La "miracolosa evasione" da un carcere svizzero di massima sicurezza da parte del massone italiano P2 Lucio Gelli è una testimonianza di questo e dello straordinario potere dei massoni. Gelli vive in Spagna, senza essere disturbato né dalla polizia svizzera né dall'Interpol, il residuo di Reinhart Heydrich. La cosa strana di Gelli è che durante la Seconda guerra mondiale lavorò a stretto contatto con Mussolini, anche se quest'ultimo era contrario alla Massoneria.

Forse perché a 17 anni Gelli si arruolò volontario in un corpo di spedizione formato da Mussolini e inviato a combattere i comunisti in Spagna.

In seguito è entrato a far parte della CIA. Nel marzo 1981, la polizia fece irruzione nell'abitazione di Gelli e scoprì numerosi documenti che dimostravano la sua collaborazione con Roberto Calvi della cosiddetta "Banca Vaticana", ovvero con la mafia. Il cardinale Casaroli disse in seguito che la Banca Vaticana era stata derubata di milioni di dollari.

CAPITOLO 11

LE CONNESSIONI MASSONICHE DELL'INTERPOL

Mi chiedevo perché le nazioni occidentali usassero l'Interpol, un ex dispositivo nazista, mentre condannavano la Germania per essersi difesa durante la Seconda Guerra Mondiale, finché non ho scoperto che l'Interpol è una rete di spionaggio massonica, appannaggio dei massoni, dei gesuiti e della nobiltà nera. David Rockefeller fa largo uso dell'Interpol, che ha letteralmente comprato dalla Germania nel dopoguerra, per monitorare i gruppi di destra americani che potrebbero rappresentare una minaccia per il Council on Foreign Relations (CFR).

La storia che ho studiato, che non si trova nei soliti libri di storia, rivela che il Rito scozzese è sempre stato, ed è tuttora, a capo di molte società segrete che infestano il mondo. Il Rito scozzese della Massoneria è nato come culto dei Mobed, talvolta chiamati Magi. Simon Mago era un membro dei Mobed. Fu Simon Magus a elevare il culto dello gnosticismo a forza anticristiana, che poi portò a Roma per contrastare le attività di San Pietro e di Filone di Alessandria.

È dallo gnosticismo che è nato l'odio per il cristianesimo, per la nazione, per gli Stati e per gli ideali repubblicani, che alla fine si è distillato nel corpo di dottrina di tutte le società segrete, che conosciamo come Massoneria. Il cuore della

Massoneria è il Rito Scozzese, in cui Lucifero è onorato e venerato nei gradi superiori. L'aristocrazia britannica la impose all'America con conseguenze disastrose per la giovane Repubblica. La Gran Bretagna è governata dall'iniquo Rito Scozzese, erede della Confraternita preraffaellita dei culti occultisti-templari e di Iside e Osiride di John Ruskin. I Rosacroce sono una creazione dei gesuiti Robert Fludd e Thomas Hobbes, segretario dell'agente dei servizi segreti Bacon, e hanno stabilito i principi fondanti del Rito scozzese.

La creazione del Rito scozzese della Massoneria fu supervisionata da Sir William Petty, nonno del famoso Conte di Shelburne, orchestratore della sanguinosa rivoluzione guidata dall'oligarchia svizzera e controllata da Londra, che conosciamo come Rivoluzione francese. Il gesuita mise Robert Bruce sul trono di Scozia e lo nominò capo del Rito scozzese. I Cecil, che hanno dominato la leadership inglese fin dai tempi della regina Elisabetta I, fanno parte della cospirazione. I Cecil sono direttamente imparentati con la casa veneziana della Nobiltà Nera di Guelfo. Per maggiori dettagli sui Cecil, vi invito a prendere una copia della mia monografia *King Makers, King Breakers: The Cecils*.

La storia segreta dell'America repubblicana è piena di nomi di noti traditori che erano membri del Rito scozzese e si opponevano alla giovane Repubblica. Albert Gallatin, una spia svizzera della nobiltà nera, Albert Pike, un americano degenerato e dissoluto, e Anthony Merry, il nuovo ambasciatore britannico inviato negli Stati Uniti nel 1804 dal massone di rito scozzese, il primo ministro inglese William Pitt, cospirarono con Timothy Pickering, il senatore James Hillhouse e William Plummer per far secedere il New Hampshire dall'Unione. Merry si spacciava per un diplomatico inesperto, ma in realtà era un agente massonico di alto livello, coinvolto anche in simili complotti secessionisti in New Jersey, Pennsylvania e New York.

William Eustas fu il candidato che il Rito scozzese presentò per sconfiggere la candidatura di John Quincy Adams per un seggio al Congresso. I massoni non hanno nascosto la loro complicità nella vittoria di Eustas su Adams. Anni prima, un altro massone, Grenville, aveva fatto approvare lo Stamp Act.

Il Parlamento britannico, controllato dai massoni, attivò lo Statuto di Enrico VIII, che consentiva agli inglesi di portare in Inghilterra chiunque dalla colonia americana fosse determinato a sottrarre il giovane Paese al giogo di re Giorgio III, anche a costo di entrare in guerra per farlo.

La Loggia madre del mondo del Rito scozzese, istituita a Charleston, nella Carolina del Sud, dall'odiata oligarchia dei nemici della giovane Repubblica, aveva come uno dei suoi principali messaggeri un certo Moses Hayes, un uomo d'affari tory, che viaggiava tra tutti gli Stati, portando istruzioni e messaggi del Rito scozzese. Hayes si rifiutò di prestare giuramento di fedeltà allo scoppio della guerra. La potentissima First National Bank of Boston fu fondata da Hayes, Arthur Hayes Sulzberger e John Lowell, con il nome di "Bank of Massachusetts". I Sulzberger hanno continuato a gestire il *New York Times* come proprietari nominali, ma non reali. Il lungo e vile passato di antiamericanismo del *New York Times* è troppo noto per soffermarsi in questa sede.

Il tradimento attivo e grave pianificato dal Rito Scozzese

iniziò seriamente in America con un brevetto dato ad Augustin Prevost, un membro della nobiltà della Svizzera Nera nemico della Repubblica, che portava il titolo massonico di "Principe del Segreto Reale". Nel corso della nostra storia, la Svizzera Nera e la nobiltà veneziana ci hanno preso in giro, facendo di tutto per minare e distruggere la giovane nazione, che vedevano come una minaccia al vecchio ordine europeo. La famiglia lombarda, malconcia e quasi rovinata nel 14 secolo, fu aiutata a risorgere da "massoni benevoli", in particolare dal massone della Nobiltà Nera, il conte Viterbos di Venezia.

Le famiglie viterbesi e lombarde hanno ridato vita al potere e al prestigio di Venezia, e la dinastia bancaria lombarda ha continuato per centinaia di anni a combattere l'America repubblicana. I Viterbo fecero rinascere Venezia conquistando l'Impero Ottomano, che fu poi diviso tra loro e i loro amici di famiglia. La nobile famiglia nera veneziana dei Lonedon organizzò la "conversione" di Ignazio Loyola, che improvvisamente si pentì e fondò l'ordine dei Gesuiti. I gesuiti erano e sono un'organizzazione di raccolta di informazioni della massoneria, della nobiltà nera, delle famiglie Pallavicini, Contarini, Luccatto e dell'establishment liberale della costa orientale americana. Sono stati i gesuiti a scrivere la lettera pastorale del vescovo cattolico che condannava il nostro deterrente nucleare come parte della guerra di 300 anni della massoneria contro la Chiesa cattolica e gli Stati Uniti.

Uno dei principali guerrieri della Massoneria è stato Vernon Walters, il piantagrane del Presidente Reagan e ambasciatore alle Nazioni Unite. Walters era un membro di spicco della Loggia massonica italiana P2. Mi chiedo se il presidente Reagan abbia mai interrogato Walters sul suo ruolo per conto della P2 nel movimento naxalita (1960-

1970). Non meno intrigante di Walters fu William Sullivan, che ebbe un ruolo nel rovesciamento del presidente delle Filippine Marcos. Fu Sullivan a chiedere al Congresso di non effettuare i pagamenti arretrati al governo filippino per l'affitto delle basi aeree di Clark e Subic Bay.

Noto che Sullivan non ha chiesto al Congresso di sospendere i pagamenti a Cuba per la base navale di Guantanamo Bay, né ha protestato contro il flusso di droga da Cuba. Sullivan non ha menzionato il più grande campo di addestramento per terroristi dell'emisfero occidentale, situato all'epoca a Cuba, una struttura che supera i campi di addestramento in Libia e Siria.

Sia Walters che Sullivan erano sotto il controllo dell'Ordine massonico top-secret, l'"'Ordine di Sion", che prende decisioni cruciali per conto dei membri del Consiglio Supremo del Rito Scozzese che operano all'interno di vari governi. Nel corso della nostra storia segreta, la forza malvagia dei massoni-gesuiti ha dominato il nostro apparato decisionale, e questo è certamente vero oggi come lo era durante la Rivoluzione americana e la Guerra civile.

Reagan era totalmente sotto l'influenza della massoneria e agiva su ordine del CFR. Esiste una serie di libri molto importanti sul Rito scozzese, molti dei quali sono buone fonti di informazione:

In cima alla mia lista c'è *la Storia del Supremo Consiglio dei Membri del 33 Grado, Giurisdizione Massonica degli Stati Uniti del Nord* e il suo contesto, di Samuel Harrison Baynard; la *Storia del Supremo Consiglio, Giurisdizione del Sud, 1801-1861*; e *Undici Gentiluomini di Charleston: Fondatori del Supremo Consiglio, Consiglio Madre del*

Mondo, entrambi scritti da Ray Baker e pubblicati dal Supremo Consiglio del 33 Grado del Rito Scozzese Antico e Accettato a proprie spese.

Baker è stato lo storico riconosciuto del Rito scozzese in America e secondo lui il Rito scozzese è stato creato da mercanti ebrei e leader religiosi ebrei, che hanno portato il brevetto dalla Francia nel 1760, dopo di che è stato applicato a Charleston e Philadelphia. Tuttavia, secondo altri storici, agli ebrei non è consentito diventare membri del Rito scozzese. Trovo che questo sia molto difficile da credere e lo considero una cortina di fumo intorno alla questione di chi abbia effettivamente fondato il Rito scozzese negli Stati Uniti. Re Salomone occupa un posto di rilievo nei rituali massonici, e so che era di fede ebraica e uno dei loro grandi maghi. Sappiamo anche che molti dei rituali massonici si basano sui riti magici ebraici praticati da Salomone.

CAPITOLO 12

LO STORICO JOSEPH SULLA MASSONERIA

Il famoso storico Giuseppe sostiene che un libro di incantesimi e sortilegi usati nei riti massonici fu scritto da re Salomone. Anche il libro *La chiave di Salomone*, che secondo Giuseppe sarebbe stato scritto da Salomone, è ampiamente utilizzato nella Massoneria. Qualunque sia il legame tra il Rito scozzese e l'ebraismo, sappiamo che alcuni membri dell'oligarchia britannica lo hanno adottato.

Uno dei principali attori della Massoneria negli Stati Uniti fu Augustin Prevost, di cui abbiamo già parlato, i cui soldati saccheggiarono la Carolina del Sud durante la Guerra d'Indipendenza americana. Prevost era Gran Maestro della Loggia di Perfezione, fondata da Francken, uno dei gruppi di mercanti ebrei di cui ho parlato prima.

Fu Francken a trasmettere il brevetto di Rito Scozzese ad Augustine Prévost, che ordinò a un ufficiale massone dell'esercito britannico di fondare una loggia a Charleston. Uno dei parenti di Augustine Prévost, il colonnello Marcus Prévost, era responsabile del reclutamento dei "lealisti della Corona" per combattere i coloni.

Tra i "lealisti" c'erano i trascorsi di molti membri dell'establishment liberale della East Coast, tra cui il traditore McGeorge Bundy, uno dei più attivi sostenitori dell'oligarchia e della regalità europea che abbiamo oggi sulla scena politica, un uomo la cui lealtà agli Stati Uniti è molto discutibile. I Prevost svizzeri non sono molto conosciuti perché i nostri libri di storia non ne parlano molto.

Un altro Prevost, Sir George Prevost, era strettamente alleato con Albert Gallatin, la spia svizzero-massonica inviata a distruggere l'America dall'interno. Sir George comandò una forza d'invasione britannica che nel 1812 saccheggiò Washington e bruciò la Casa Bianca. Senza dubbio, i "blue bloods" di Boston non amano che vengano ricordate le malefatte britanniche, che potrebbero rovinare la "relazione speciale" se troppi americani ne venissero a conoscenza.

La Loggia Madre del Mondo di Charleston estese il brevetto di Rito Scozzese alla Francia nel 1804, all'Italia nel 1805, alla Spagna nel 1809 e al Belgio nel 1817. Uno degli "undici gentiluomini di Charleston" era Frederick Dalcho, che ricopriva una posizione nella Chiesa episcopale di quella città ed era il leader del "partito inglese" nella Carolina del Sud. Non è cambiato molto dai tempi di Dalcho: il ramo americano della Chiesa d'Inghilterra è pieno di massoni di rito scozzese.

Prima ho menzionato l'affermazione che gli ebrei non sono ammessi al Rito scozzese. Un importante membro ebreo del Rito scozzese fu John Jacob Astor, che iniziò la sua carriera massonica a New York, ricoprendo la carica di Tesoriere della Gran Loggia di New York. Fu Astor a dare al traditore Aaron Burr, un massone di 33 grado,

$42,000. Con questo denaro, Burr riuscì a fuggire dopo

l'omicidio di Alexander Hamilton con l'aiuto di un massone ebreo di alto rango, John Slidell di New York.

Slidell si stabilì a Charleston e a New Orleans, dove adottò i modi di un gentiluomo del Sud. Era strettamente legato ad Aaron Burr. I due uomini ordirono un complotto per impadronirsi della Louisiana con l'aiuto di alcuni gesuiti di New Orleans, ma il piano fallì quando fu scoperto dai patrioti fedeli agli Stati Uniti. All'epoca del suo infido tentativo di smembrare l'Unione, Slidell occupava una posizione importante nel governo. Era sostenuto da un intero gruppo di colleghi massoni. Ai suoi tempi, c'erano centinaia di massoni nel governo degli Stati Uniti. È dubbio che Vernon Walters e George Shallots troverebbero il loro giuramento massonico compatibile con il giuramento di fedeltà agli Stati Uniti. Come disse Cristo: "Nessuno può servire due padroni".

Per coloro che credono nello yoga, è interessante notare che la Massoneria lo promuove come metodo per rallentare e fermare il flusso del pensiero. Alla Massoneria non piace che la gente pensi. Queste informazioni furono fornite al satanista Alastair Crowley dal suo protetto Alan Benoit, che le ottenne dal famoso storico massone Eckenstein.

I rituali massonici al di sotto del quarto grado attingono liberamente all'insegnamento dello yoga, ma all'interno del Supremo Consiglio della Massoneria lo yoga non viene insegnato o seguito in alcun modo. I Consigli Supremi hanno alcuni segreti di reale interesse per il mondo normale. È noto che Mazzini e Pike comunicavano con il telegrafo senza fili molto prima che Marconi lo "inventasse". Un altro sorprendente segreto custodito dai membri eletti del Consiglio Supremo è come produrre l'argento e trasformarlo in oro.

Questa formula fu dimostrata a Lord Palmerston (padre del Primo Ministro inglese) e a Lord Onslow, massone di 33 grado, da un inglese di nome Price. Price sosteneva di aver ricevuto la formula segreta "dagli spiriti". Egli dimostrò la sua affermazione facendo fondere il mercurio con la polvere bianca su una forte fiamma.

La miscela è stata analizzata da esperti ed è risultata essere argento puro. L'argento è stato quindi fuso sulla fiamma e si è aggiunta una polvere rossastra. Sono stati fusi diversi lingotti. Gli esperti di argento e oro, sempre presenti, hanno esaminato molto da vicino il nuovo prodotto e, dopo averlo testato sul posto, hanno dichiarato che si trattava di oro puro. Il segreto rimane profondamente nascosto dal funzionario eletto del Consiglio Supremo del Rito Scozzese. Per quanto riguarda Price, si dice che si sia "suicidato bevendo cianuro".

È stato davvero un suicidio o un avvelenamento? Price ha commesso un errore fatale nel dimostrare le sue pretese a Lord Palmerston, come sembra altamente probabile? La morte di Price non deve sorprendere, perché i seguaci della Massoneria sono sempre stati distruttori piuttosto che creatori.

L'industria siderurgica americana ne è testimone. Il conte Guido Colonna non è un nome familiare in America. Tra le centinaia di migliaia di lavoratori siderurgici disoccupati, pochi avranno sentito parlare di lui. Questo Colonna è un massone della nobiltà nera, che ha cospirato con un membro della nobiltà nera francese, il conte Davignon, per distruggere l'industria siderurgica americana. Il successo di questa cospirazione può essere giudicato dalle acciaierie arrugginite e silenziose che punteggiano gli Stati del Nord. Chi ha dato l'ordine di procedere con il piano di demolizione?

La risposta è la Guelfa, meglio conosciuta come Casa di Windsor. I Guelfi sono la pietra miliare dell'oligarchia mondiale.

Se vogliamo seriamente fermare la distruzione delle nostre industrie, dobbiamo iniziare dai vertici con i guelfi, soprattutto quelli inglesi, che operano attraverso il Rito Scozzese della Massoneria. L'importanza unica di questa antica famiglia è totalmente trascurata negli studi su "cosa non va nell'economia americana".

I Windsor governano la Gran Bretagna e il Canada, che non sono altro che i loro feudi personali. La forza dei Windsor risiede nel controllo delle materie prime mondiali e nella loro impressionante capacità di spogliare i Paesi di tali materie prime. Se fate una piccola ricerca, scoprirete che in Canada fanno questo con il legname, il petrolio e le pellicce.

In Sudafrica si tratta di oro e diamanti attraverso i ladri Oppenheimer Anglo American; in Zimbabwe (ex Rhodesia) si tratta di minerale di cromo (il più puro al mondo) attraverso la Lonrho, una società di proprietà di un cugino di Elisabetta, la regina d'Inghilterra; in Bolivia si tratta di stagno, attraverso la società Rio Tinto (per maggiori dettagli si veda *Il Comitato dei 300*).

Ai Windsor (Guelfi) non interessa chi detiene il potere politico in un Paese. Ad eccezione della Russia, per loro tutti i titolari di cariche sono uguali. Mantengono ancora il controllo sulle risorse naturali della maggior parte dei Paesi. Il Principe Filippo dirige le operazioni di vari gruppi "ambientalisti", che sono veicoli sottilmente mascherati per tenere gli "stranieri" fuori dalle riserve di materie prime dei Windsor. Questo "ambientalista", presidente del World Wildlife Fund, non si fa scrupoli a sparare a 1000 fagiani in un fine settimana!

Grazie al Gruppo Hambros, i ricavi di Windsor ammontano a miliardi di dollari. Il Gruppo Hambros mantiene la sua forte posizione attraverso una rete di agenti di cambio massonici. Altre aziende gestite dai massoni sono: Shearson, Amex, Bear Stearns e Goldman Sachs, tutte sotto l'ombrello del Gruppo Hambros, controllato in ultima istanza dai guelfi Windsor della nobiltà nera veneziana.

I Guelfi sono stati associati alla Massoneria per centinaia di anni. I legami con l'Inghilterra iniziarono con la dinastia veneziana di Corso Donati nel 1293.

CAPITOLO 13

LA GUERRA CIVILE AMERICANA FU OPERA DELLA MASSONERIA

La terribile guerra civile americana, dall'inizio alla fine, è stata opera della Massoneria. Il racconto dei massoni non compare in nessuno dei nostri libri di storia per ovvie ragioni. Le famiglie anglofile, che non si unirono ai coloni nella guerra contro la Gran Bretagna, si stabilirono in Nuova Scozia, da dove aiutarono gli inglesi durante la Rivoluzione americana. In seguito, tornarono negli Stati Uniti e continuarono la tradizione di aiutare la cospirazione massonica britannica contro l'America repubblicana, che culminò nella Guerra Civile.

In questo crudele disastro, l'America perse 500.000 uomini, più delle perdite subite nelle due guerre mondiali messe insieme. La Guerra Civile fu un complotto massonico oligarchico britannico-europeo per dividere il Paese in Stati in guerra e poi riprendersi ciò che avevano perso nella Rivoluzione Americana. In questa impresa sono stati abilmente sostenuti da una schiera di traditori "americani". Il nefasto establishment liberale avrebbe potuto avere successo e gli Stati Uniti non esisterebbero oggi senza il notevole lavoro dei patrioti americani Clay e Carey.

Dobbiamo imparare questa lezione dalla storia, anche se non compare nell'opera dello storico Charles Beard. La Massoneria non si è mai arresa dopo aver perso la guerra contro i coloni. La situazione precipitò nel 1812, dopo un lungo periodo in cui la Marina britannica sequestrò le navi americane e imprigionò migliaia di marinai americani. I Kissinger dell'epoca dicevano che l'America non poteva farci nulla, e avevano ragione. Il nemico mortale della Massoneria svizzera, Albeit Gallatin, aveva tagliato il nostro budget per la difesa, lasciandoci senza una vera marina. Forti di due sconfitte subite per mano della giovane Repubblica in meno di 150 anni, i britannici si rivoltarono nuovamente contro gli Stati Uniti vendendo i loro motori a reazione a flusso centrifugo Derwent all'URSS per l'installazione nei caccia MIG 15, che vennero utilizzati per bombardare e bombardare le truppe statunitensi in Corea. Senza il motore Derwent, i sovietici avrebbero impiegato almeno quindici anni per costruire un caccia a reazione.

Proprio come oggi ci sono alcuni di noi che sono profondamente sospettosi della "relazione speciale" tra gli Stati Uniti e la Gran Bretagna, avendo visto cosa ha fatto al nostro Paese, così ai tempi della Essex Junto c'erano patrioti che vedevano attraverso le trame e gli schemi della Massoneria britannica. Cercarono di smascherare il tradimento di Caleb Cushing e John Slidell.

Mettevano in guardia dalle politiche economiche di "libero scambio" dell'epoca, proprio quelle che abbiamo permesso a Milton Friedman di vendere all'amministrazione "conservatrice" di Reagan.

Il libero scambio è un complotto architettato dai massoni britannici per distruggere la nostra economia. È ora di togliere il sipario sulla storia della perfida nobiltà nera veneziana legata ai Riti Scozzesi, come i pirati Sam e George Cabot e i Pickerings, che fecero fortuna con la doppia miseria del commercio dell'oppio e degli schiavi.

Gli antenati di McGeorge Bundy erano commercianti di schiavi. Fu il massone John Jacob Astor a permettere ai Pickerings di entrare nel commercio dell'oppio, enormemente redditizio, in Cina. Occorre dire la verità sull'intero nido di vipere che si agita all'interno della Compagnia britannica delle Indie orientali, su Loring, Adam Smith e David Hume. Fu Loring a rubare le razioni degli americani fatti prigionieri dagli inglesi durante la Rivoluzione Americana, che poi vendette all'esercito britannico per un enorme profitto, lasciando i prigionieri americani a morire di fame sulle terribili navi-prigione.

Quando ho letto per la prima volta *Il ramo d'ulivo* di Mathew Carey, non potevo credere a ciò che stavo leggendo. Ma nel corso degli anni ho scoperto che tutto ciò che Carey diceva era vero.

Un altro libro che consiglio è *Le famiglie famose del Massachusetts*. Queste famose famiglie includono i discendenti dei Loring, dei Pickering e dei Cabot, discendenti della rete massonica originariamente creata in questo Paese dall'oligarca francese Cabot e dallo svizzero Prevost.

L'establishment liberale anglofilo della costa orientale è la fonte di questo genere di cose. Potrei continuare a lungo con i nomi delle famiglie e la loro storia, che è stata fatta per nascondere. La loro fedeltà è alle famiglie reali e alle oligarchie europee e britanniche attraverso il Rito scozzese della Massoneria. Possono riuscire a negare la loro storia, ma questo non cambia il fatto che sono stati dimostrati i loro stretti legami con i centri dell'intrigo massonico.

Oggi sono in contatto indiretto con la Loggia delle Sette

Sorelle di Parigi. Questa Loggia gestisce una vasta operazione di contrabbando di droga che raggiunge il cuore delle "teste coronate d'Europa". Credono, come Robert Holzbach, capo del Rito scozzese dell'Unione delle Banche Svizzere, che "la sovranità non sostituisce la solvibilità".

In altre parole, il potere del denaro trascende ogni considerazione. Holzbach è tipico del potere del denaro che contrappone il Vecchio Mondo alla giovane Repubblica degli Stati Uniti. Holzbach lavorò a stretto contatto con la loggia massonica italiana P2, creata per lavorare per il ritorno di Casa Savoia sul trono italiano. Grazie alla rete scozzese Rite-P2, la privacy di nessuno è protetta. Il governo degli Stati Uniti ha i suoi contatti in questi ambienti. Il vostro conto numerato in una banca svizzera potrebbe essere già noto al governo statunitense o a qualsiasi altra parte interessata. Questo è generalmente noto, ed è per questo che chi ha denaro da nascondere non si rivolge più alle banche in Svizzera.

Coloro che appartengono alla Chiesa episcopale d'America, sappiano che il vostro arcivescovo, Robert Runcie, è un membro del Consiglio Supremo del Rito scozzese della Massoneria. Se non lo fosse, non sarebbe mai stato "approvato" come arcivescovo da Elisabetta Guelfa. Runcie è il referente personale della Regina Elisabetta e del Consiglio Mondiale delle Chiese.

La notevole influenza del Rito scozzese sulla nostra storia passata e sulle importanti decisioni, interne ed estere, prese da ogni amministrazione americana, può essere misurata in termini di danno agli interessi del Paese. Così come è stata responsabile della pianificazione della Guerra Civile, il Rito Scozzese della Massoneria sta pianificando la Terza Guerra Mondiale. Se non facciamo il punto sulle potenti forze che gestiscono gli affari americani, indipendentemente da chi occupa la Casa Bianca, non abbiamo alcuna speranza di combattere il nemico. L'unico modo per sventare i piani dei traditori del Rito scozzese è smascherare le loro attività.

Per fare questo, i nostri patrioti devono essere informati di ciò che il Rito Scozzese, e di fatto tutta la Massoneria, rappresenta, vale a dire il rovesciamento dell'ordine esistente e la distruzione degli Stati nazionali, specialmente quelli con costituzione repubblicana, la distruzione della famiglia e la distruzione del Cristianesimo. È stato molto difficile per me separare questo messaggio da quello che ho lanciato sull'influenza delle famiglie oligarchiche e reali sui nostri affari. Vi consiglio di procurarvi anche una copia di questo libro, *King Makers and King Breakers: The Cecils*, e di usarlo insieme a questo libro sulla Massoneria.

CAPITOLO 14

COSPIRAZIONE: UN GOVERNO MONDIALE

Su un argomento così vasto come la società segreta conosciuta collettivamente come Libero Ordine Massonico e vari altri nomi, non è possibile trattare in modo esaustivo le origini della Massoneria. Pertanto, lo scopo di questo libro è quello di fornire materiale che vi aiuterà a comprendere meglio gli eventi economici e politici che stanno attualmente scuotendo il mondo, evidenziando il legame tra questi eventi satanici distruttivi e la Massoneria. Abbiate pazienza, non fermatevi qui e scrivetemi che siete membri di questo o quell'ordine massonico e che sapete che i massoni sono una bella società filantropica, che ha bandito le questioni politiche e religiose dalle sue discussioni e deliberazioni.

Il problema è che i massoni di grado inferiore non sanno mai cosa fanno i massoni di grado superiore. La natura stessa della struttura del movimento impedisce loro di saperlo. Questo rende relativamente facile per i vertici della Massoneria ingannare i membri del corpo di guardia sulle azioni, gli obiettivi e le intenzioni della Massoneria. E se per caso uno dei membri dell'ordine inferiore gravitasse al vertice, egli giura di mantenere il segreto, pena la morte, e di non rivelare mai ciò che sa ai fratelli inferiori o a chiunque altro al di fuori dell'ordine massonico. Questo giuramento di silenzio viene fatto rispettare molto severamente. Cercherò di evitare di menzionare i numerosi culti e le credenze religiose associate alla Massoneria e mi limiterò agli aspetti della Massoneria inglese e americana.

Secondo la maggior parte delle autorità in materia, la Massoneria inglese nacque nel 1717 come corporazione di massoni operativi o operanti e aprì le porte a quelli che venivano chiamati massoni speculativi, cioè non operanti, creando così un movimento combinato chiamato Grandi Logge inglesi. Le antiche Corporazioni massoniche esistevano da molti secoli prima del 1717, ma non erano, ripeto, una forza politica. Si preoccupavano solo di fare il loro mestiere, di vivere del loro mestiere e/o della loro professione sotto forma di bottega chiusa, cioè di custodire i loro segreti contro la penetrazione esterna.

I primi massoni, cioè prima del 1717, avevano solo tre gradi: Apprendista, Compagno e Maestro massone. Al momento della fusione, i massoni della Corporazione permisero che avvenissero grandi cambiamenti, il primo dei quali fu l'eliminazione del nome di Dio cristiano dal rituale; la Massoneria Blu, come veniva chiamata, era a quel tempo un movimento praticamente nuovo e questo mise fine alla cooperazione con gli Artigiani massoni. In breve, i massoni speculativi non attivi presero completamente il sopravvento e l'antico ordine scomparve dalla scena.

Da questo nuovo ordine nacque un nuovo ordine massonico militante e rivoluzionario chiamato Rito Scozzese. Pur vietando i rituali del Grande Oriente, cioè della Massoneria europea, la Massoneria inglese non ha bandito il Rito scozzese e questo rituale rivoluzionario, come un virus mortale, ha preso il controllo di tutte le cellule massoniche in Inghilterra e in America per mettersi al posto di guida di tutte le leve del potere nella società.

La maggior parte dei membri della Massoneria inglese rimane nel terzo grado, generalmente ignara dei mali perpetrati in suo nome nei gradi superiori. Quando si raggiunge il nono grado, la natura rivoluzionaria della Massoneria di Rito Scozzese viene esposta ai candidati qualificati, poiché questo è il suo obiettivo finale: la sovversione dello Stato attraverso la Massoneria come insegnato nel 33 grado, che è anche il motivo per cui molti massoni del 33 grado sono stati responsabili della dissoluzione dei governi esistenti in molti paesi.

Per esempio, nelle rivoluzioni francese e americana, nella Guerra tra gli Stati e, più recentemente, nello Zimbabwe, dove un massone di 33 grado, Lord Somas, ha tradito lo Zimbabwe nelle mani di un tiranno comunista, con il termine fraudolento di "governo della maggioranza", e nella capitolazione totale del Sudafrica da parte dei massoni alla guida di Gran Bretagna e Stati Uniti.

Somas era uno di quegli "uomini determinati della Massoneria" descritti da Disraeli, primo ministro della Gran Bretagna e massone, quando parlò specificamente delle logge di Rito Scozzese e del Grande Oriente, dicendo:

> Bisogna tener conto delle società segrete che possono deviare tutte le misure all'ultimo momento, che hanno agenti ovunque, uomini determinati che incoraggiano gli assassinii, ecc.

Di certo non sembra la società filantropica che i massoni sostengono di essere e, in verità, non lo è. La domanda sorge spontanea: perché dobbiamo avere delle società segrete? L'America è stata fondata sui principi cristiani che affermano chiaramente "che gli uomini preferiscono le tenebre alla luce affinché le loro azioni malvagie siano oscurate". Questo, credo, è il vero motivo delle società segrete; fondamentalmente, le loro azioni sono malvagie. Non c'è altra spiegazione per la necessità di segretezza! Non è necessario soffermarsi sulla società segreta che ha gestito la Rivoluzione francese. Oggi tutti gli storici concordano sul fatto che si trattasse del Club massonico dei Giacobini.

Ecco cosa ha detto un notevole Gran Maestro del Supremo Consiglio dei Riti Scozzesi, Dominica Anger, quando ha confermato il grado 33 ai massoni appena qualificati che stavano per riceverlo:

> Fratello, hai completato la tua formazione come leader della Massoneria. Fate il vostro giuramento supremo. Giuro di non riconoscere altra patria che quella del mondo. Giuro di lavorare ovunque e sempre per distruggere le frontiere, i limiti di tutte le nazioni, di tutte le industrie, non meno che di tutte le famiglie. Giuro di dedicare la mia vita al trionfo del progresso e dell'unità universale e dichiaro di professare la negazione di Dio e la negazione dell'anima. E ora, Fratello, che per te la patria, la religione e la famiglia sono scomparse per sempre nell'immensità dell'opera della Massoneria, vieni da noi e condividi con noi l'autorità sconfinata, il potere infinito che deteniamo sull'umanità. L'unica chiave per il progresso e la felicità, le uniche regole del bene sono gli appetiti e gli istinti.

Questa, in sintesi, è l'essenza dell'Ordine Massonico di Rito Scozzese, che domina la Massoneria americana. Una delle cose più interessanti del comunismo, della massoneria e dei gesuiti è che tutti hanno un'importante figura storica che li collega: Karl Marx, l'uomo che rivendicò gli insegnamenti di Weishaupt come suo "manifesto" originale.

Marx difese ferocemente (e spesso violentemente) i gesuiti per tutta la vita. Marx è l'uomo che crea il collegamento. Marx sostenne ardentemente anche la società segreta dei massoni, che credo sia un importante collegamento "trascurato" da quasi tutti gli storici. Questa negligenza è un processo deliberato. Non si può negare che il socialismo sia usato per promuovere l'obiettivo di un governo mondiale, ed è interessante notare che Marx, che odia apertamente la religione, abbia sposato con tanta passione il gesuitismo.

Ignazio Loyola fondò l'Ordine dei Gesuiti il 5 aprile 1541, che fu poi approvato da Papa Paolo XI. L'Ordine è in qualche modo massonico, in quanto si compone di sei gradi; il capo dell'Ordine è noto per il suo grado militare, cioè un Generale, che esige da tutti i gesuiti una fedeltà assoluta e indiscutibile e che, a sua volta, ha potere assoluto su ogni gesuita in tutte le questioni. Il Generale ha il potere di ammettere apertamente o segretamente persone che non sono membri della Società. I superiori e i rettori sono tenuti a riferire al Generale ogni settimana su tutte le persone con cui hanno avuto rapporti o contatti. I gesuiti sono un potente contropotere al Papa, una forza che non hanno mai esitato a usare, come nel caso dell'Inquisizione, da cui i gesuiti hanno preso le distanze il più possibile. I papi hanno sempre guardato con sospetto ai gesuiti, tanto che nel 1773 l'ordine fu bandito. Sfidando il Papa, Federico II di Prussia protesse i gesuiti per i propri interessi.

Nel caso in cui qualche lettore si opponga al collegamento fatto tra i gesuiti e la massoneria, permettetemi di dire che probabilmente una delle migliori autorità in materia è Heckethorn, e citerò ciò che ha detto:

> C'è una grande analogia tra i gradi massonici e quelli gesuiti; e anche i gesuiti calzano la scarpa e si denudano il

ginocchio perché Ignazio Loyola si presentò così a Roma e chiese la conferma dell'ordine.

Non contenti della confessione, della predicazione e dell'istruzione, con le quali avevano acquisito un'influenza senza precedenti, nel 1563 formarono diverse congregazioni in Italia e in Francia, cioè riunioni clandestine in cappelle sotterranee e altri luoghi segreti. I segregazionisti avevano un'organizzazione settaria con catechismi e manuali appropriati che dovevano essere abbandonati prima della morte, motivo per cui ne rimangono pochissime copie.

I gesuiti cercarono di aiutare il Nuovo Ordine Mondiale sostenendo con forza rivoluzionari come Karl Marx, che a sua volta difese strenuamente i gesuiti, come ho detto prima. Altri notabili che hanno difeso il gesuitismo e la massoneria sono stati Adam Smith, l'esperto di spionaggio delle Indie Orientali britanniche, utilizzato per promuovere false teorie economiche, e il suo co-cospiratore Thomas Malthus. Entrambi erano protetti dal massone di rito scozzese, il conte di Shelburne, che fomentò le rivoluzioni francese e americana. In realtà, tutti questi uomini, compreso Marx, difendevano il feudalesimo, che fu distrutto per sempre dalla Rivoluzione americana.

Jeremy Bentham, un satanista adoratore del diavolo del calibro di Albert Pike, si opponeva al repubblicanesimo, come fanno oggi tutti i cospiratori massoni e gesuiti. Le famiglie di rentier che governavano il mondo ai tempi di Bentham vedevano un pericolo nella libertà dell'uomo attraverso una forma di governo repubblicana, e così si misero a usare ogni mezzo a loro disposizione per annullare i grandi benefici derivati dalla Rivoluzione americana. Questa lotta con la Massoneria continua ancora oggi, nel

2009, ma è ormai nella sua fase finale. È significativo che i leader della Cospirazione dell'Ordine Unico Mondiale siano principalmente massoni e, in alcuni casi, gesuiti come Brzezinski, che è anche un Acquario. (Un membro della Cospirazione Acquariana) Sono all'avanguardia nella lotta per rovesciare la Repubblica Americana, cosa assolutamente odiata dalla Nobiltà Nera d'Europa e dai cosiddetti aristocratici d'America.

Le famiglie della Nobiltà Nera vivono in Italia (Venezia, Genova e Firenze), Svizzera, Gran Bretagna e Baviera. È qui che si trovano i loro membri principali e da qui sono stati pianificati ed eseguiti tutti i tipi di crimini contro l'umanità a partire dal XIV secolo.

CAPITOLO 15

UNA PANORAMICA SU KARL MARX

Karl Marx era in realtà una creazione di una di queste ex oligarchie e proclamò che l'Unione Sovietica era un'oligarchia. Queste oligarchie includevano gli Stati Uniti e dichiaravano il repubblicanesimo un nemico mortale, da eliminare con tutti i metodi disponibili.

Anche se Pike si dichiarò totalmente contrario a un sistema repubblicano con principi democratici. Uno di questi metodi è il fanatismo religioso, associato alla penetrazione di culti e ordini religiosi. E non è solo la forma di governo repubblicana che vogliono vedere distrutta. Vogliono vedere l'intero territorio degli Stati Uniti tornare a un sistema feudale in cui i "nobili aristocratici" dell'establishment orientale abbiano pieni poteri dittatoriali.

Non ho incontrato un solo scrittore nella "cultura della cospirazione" americana che abbia spiegato in modo soddisfacente il feudalesimo. Coloro che hanno scritto sull'argomento hanno solo dimostrato la loro mancanza di conoscenza del suo vero significato. È con questo spirito che mi azzardo ad approfondire il tema del feudalesimo in relazione diretta alla Massoneria.

Durante il Medioevo, che ha dominato l'Europa per secoli, l'individuo era indifeso. La conservazione della vita era il

fattore principale e gli uomini si impegnavano in una totale
servitù nei confronti del più forte tra loro, che in cambio li
proteggeva da coloro che li predavano. Uomini forti si
legarono a uomini ancora più forti e da qui nacque il sistema
feudale. Gli uomini si arruolavano per servire nell'esercito
del gruppo più forte per periodi di tempo prestabiliti, ad
esempio 50 giorni all'anno.

Questo portò all'emergere di una classe di guerrieri che
divenne la nobiltà. Avevano bisogno di armi, cavalli e
luoghi fortificati per proteggersi, cosa che fu possibile
grazie al lavoro "gratuito". Le piazzeforti si sono
trasformate da palizzate in solidi edifici in pietra, imponenti
nel design e nell'esecuzione.

Gli scalpellini, i muratori, i fabbri e gli operai metallurgici
dovevano prestare gratuitamente la loro opera per costruire
queste super-strutture. La principale fonte di ricchezza era
la terra e il lavoro di coloro che la lavoravano per produrre
beni che si traducevano in ricchezza. La condizione del
servo della gleba è cambiata pochissimo nel corso dei
secoli: alcuni sono diventati gradualmente dei fittavoli che
pagavano al signore del maniero. Né lui né la sua famiglia
potevano sposarsi senza il permesso del signore del
maniero, il che di solito significava pagare una tassa. Non è
mai stato un uomo libero.

La barriera sempre presente alla sua libertà era la legge che
lo costringeva a rimanere dov'era. In altre parole, non gli è
stato permesso di muoversi. Quando morì, i suoi migliori
animali da fattoria andarono al signore del maniero. Albert
Pike e i suoi colleghi massoni promisero "completa libertà"
a chiunque diventasse membro della Massoneria.

Tuttavia, il più stretto amico e collaboratore di Pike fu Giuseppe Mazzini (1805-1872), il leader massonico italiano che non tollerava il sistema capitalistico industriale. Mazzini era un satanista e anche un prete gesuita!

Mazzini fu il fondatore della Lega della Gioventù Europea, che presto aprì una filiale in America chiamata Giovane America. Karl Marx è stato uno dei primi membri dei movimenti radicali della Massoneria mazziniana a partire dal 1840, quindi è abbastanza chiaro che la Massoneria ha creato Karl Marx come figura rivoluzionaria in difesa dei lavoratori, al fine di usarlo come una clava per colpire a morte il capitalismo industriale. Mazzini, il gesuita sostenitore della Massoneria, ha di fatto lanciato la carriera di Karl Marx contro il capitalismo, riunendo importanti massoni comunisti e fondando la radicale "Associazione Internazionale dei Lavoratori".

Da quel momento in poi, Karl Marx si sottrasse raramente all'attenzione del pubblico. Marx sviluppò il suo odio per il capitalismo industriale solo dopo la fatidica riunione di Londra in cui fu fondata la Lega Internazionale dei Lavoratori, dalla quale Marx uscì dicendo:

> Sono determinato a schiacciare tutti i movimenti politici del capitale industriale ovunque li trovi.

Marx ha anche detto:

> Tutto il male deve essere imputato allo sviluppo del capitale industriale.

Marx non ha mai mancato di predicare questo tema. Spero che il lettore riesca a capire quanto abbiamo sofferto per la doppiezza della Massoneria e del Gesuitismo. Entrambi i movimenti sono ancora in guerra con gli Stati Uniti.

Questo faceva parte delle intenzioni annunciate da massoni di alto livello come Pike e Mazzini; rovesciare l'ordine esistente, cosa che Weishaupt si prefiggeva di fare nel 1776 e che ordinò agli Illuminati. Il termine "imperialismo" fu coniato dall'Associazione Internazionale dei Lavoratori e cominciò a essere usato con una certa frequenza a partire dal 1890. Poiché l'America è diventata la più grande nazione industrializzata del mondo e a causa del suo incredibile potenziale di crescita, gli Stati Uniti sono diventati la nazione più odiata, soprattutto a causa della sua particolare forma di governo repubblicana. Le famiglie dell'oligarchia americana hanno fatto di tutto per sostenere questo clima di odio. Gran parte di quello che Marx chiamava "brutto americanismo" ha preso piede in tutto il mondo. Naturalmente, nessuno ha pensato di far notare che le idee di Lenin erano quanto di più vicino a un sistema imperialista, essendo il comunismo nient'altro che un sistema di capitalismo ristretto basato sull'oligarchia. Non è mai stato un vero comunismo e non lo è nemmeno adesso. È semplicemente un capitalismo di natura brutalmente monopolistica che porta al potere totale nelle mani di pochi uomini.

CAPITOLO 16

TORNIAMO ALLA STORIA

Quando ero un giovane studente, ho letto la storia di Cesare Augusto di Tacito. Ero pieno di stupore. Pensavo che sicuramente il popolo romano avrebbe capito quanto fosse decadente e che Roma sarebbe presto scomparsa. Perché nessuno ha fatto nulla per fermare la caduta di Roma? Perché in America non ci siamo accorti che l'America si stava deteriorando? Sicuramente il popolo deve rendersi conto che l'establishment liberale orientale e la sua alleanza con l'oligarchia britannica stanno rovinando questo Paese.

Il popolo dovrebbe rendersi conto che siamo negli ultimi anni della più bella Repubblica che il mondo abbia mai conosciuto? La risposta è che il popolo americano non è diverso da quello romano. Non vedono nulla di simile! Né vogliono essere disturbati da persone come me che cercano di farlo notare. "Lasciateci in pace", dicono. "L'America non è l'antica Roma. Abbiamo la nostra Costituzione. Siamo forti. Non saremo sconfitti".

È proprio questo il punto. Poiché voi, cittadini americani, avete una Costituzione, l'establishment orientale vi vede come una minaccia che deve lavorare notte e giorno per eliminare. E cosa è successo alla nostra Costituzione, il più grande documento dopo la Bibbia? È stato calpestato e messo da parte!

Dirò con fermezza che sono stato l'unico a richiamare l'attenzione sul legame tra la guerra delle Falkland e l'establishment orientale. Sono stato anche il primo, e per molto tempo, l'unico a scrivere del Club di Roma, di Felipe Gonzales, del rapporto Global 2000 e del multiculturalismo, come della Nuova Età dell'Acquario. Oggi questi nomi sono pubblicati in molte pubblicazioni di destra, ma per quasi dieci anni le uniche informazioni su questi nomi provenivano dai miei archivi.

La guerra delle Falkland fu una guerra combattuta e per conto della nobiltà nera britannica e di Elisabetta Guelfa, la regina d'Inghilterra. L'America non aveva il diritto di aiutare questi nemici della vera libertà a trionfare sugli argentini. Eppure abbiamo fornito agli inglesi ogni possibile supporto in armi e sistemi di soccorso. Così facendo, abbiamo sporcato il nostro stesso nido, ignari del fatto che John Quincy Adams scrisse la famosa Dottrina Monroe per evitare un simile evento.

La classe dirigente dell'establishment orientale, da tempo associata alle sue controparti britanniche, ha infatti fatto a pezzi la Dottrina Monroe appoggiando gli aggressori britannici, sostenendo di fatto che, con il loro odio per la nostra Repubblica, sanno cosa fare con documenti come la Dottrina Monroe, e lo hanno fatto durante la guerra delle Falkland, gettando disprezzo e ridicolo sulle sue pagine, sotto la presidenza del presidente "conservatore" Reagan.

Nel disprezzare la Dottrina Monroe, l'establishment orientale, nemico del popolo americano e della sua grande Repubblica, ha anche ripudiato la vittoria del 1812 sugli inglesi da parte della piccola e inadeguata marina statunitense. Questa grande vittoria navale americana avvenne dopo che il traditore di origine svizzera Gallatin

(Segretario al Tesoro) aveva fatto tutto il possibile per impedire la costruzione di una marina americana. Gallatin era al servizio della nobiltà nera britannica, svizzera e genovese e delle loro famiglie di banchieri rentier e fece di tutto per strangolare e soffocare la giovane Repubblica americana. Gallatin era l'esatto opposto di John Quincy Adams e Benjamin Franklin.

Mentre John Quincy Adams e Franklin servivano l'America, Gallatin serviva le vecchie famiglie feudali della Gran Bretagna, di Venezia, di Genova e dell'Austria, esattamente nello stesso modo in cui i presidenti Wilson, House, Roosevelt Stimson, Knox, Bush e Clinton avrebbero servito i cospiratori che lavoravano per rovesciare la Repubblica americana in favore di un governo dispotico e schiavista mondialista.

Torniamo alla guerra del 1812. A seguito dell'estrema ferocia esercitata contro la sua flotta mercantile dalle navi da guerra britanniche e dai loro surrogati, i pirati della Costa di Barbaria, l'America dichiarò infine guerra agli inglesi - ma non all'establishment orientale. La piccola marina americana alla fine sconfisse la potente marina britannica. Infine, con la pace ristabilita, il Trattato di Amicizia, Navigazione e Commercio cedette le Isole Falkland alla Spagna e poi all'Argentina.

Pertanto, gli argentini avevano un titolo legale sulle isole Falkland. Eppure George Bush, George Shultz e Alexander Haig, servi dell'establishment orientale, hanno ignorato la memoria di quei coraggiosi americani che hanno sconfitto gli inglesi per la seconda volta e che, con il loro tradimento nell'aiutare gli inglesi a invadere le Falkland, hanno stracciato la Dottrina Monroe e reso ancora una volta gli Stati Uniti schiavi dei feudatari britannici ed europei. E fu il Presidente Reagan a presiedere a questa profanazione.

Sì, abbiamo esaltato i nomi dei nostri eroici statisti, John Quincy Adams e il presidente Monroe. Non solo abbiamo permesso a una bellicosa forza britannica di entrare nel nostro emisfero, ma l'abbiamo aiutata a sconfiggere una nazione amica con la quale avevamo firmato un trattato. Se c'è qualcuno che ancora non crede che gli inglesi controllino l'America, vi invito a riconsiderare attentamente non solo quello che hanno fatto all'Argentina, ma anche quello che hanno fatto al nostro Paese, gli Stati Uniti. I responsabili della violazione della Dottrina Monroe avrebbero dovuto essere processati per tradimento e puniti se riconosciuti colpevoli.

Hanno tradito tutto ciò che la Repubblica degli Stati Uniti rappresentava quando hanno lasciato entrare gli inglesi nel nostro emisfero! Ecco cosa è successo. Qualcuno può aver visto cosa stava accadendo? Qualcuno avrebbe potuto fermarlo? Siamo ciechi come lo erano i Romani?

La risposta nel secondo caso è che nessuno in America, compreso il nostro Presidente, è abbastanza forte da impedire alla meretrice di Babilonia, il potere monetario dell'establishment orientale, di fare esattamente ciò che i suoi padroni europei le ordinano di fare! Siamo trasportati da una marea in rapida ascesa, spinta a passo spedito verso il giorno fatale in cui saremo sopraffatti da un unico governo mondiale. Non c'è modo di fermare questa marea impetuosa! Anche chi, come me, scrive da anni su questo argomento e sa esattamente cosa sta accadendo, può fare poco per fermare la tragedia. Così come è caduta Roma, cadrà anche l'America.

Stiamo entrando negli ultimi anni della nostra Repubblica. Ma pochi lo percepiscono: come afferma Tacito, né Cesare Augusto né nessun altro si accorse che Roma stava cadendo.

I principali artefici del nostro declino sono i gesuiti massoni e i loro legami intrecciati con l'establishment orientale americano e con i nobili neri britannici, veneziani, genovesi e svizzeri. Il complotto della signora Thatcher e di Henry Kissinger per tradire l'America attraverso i loro accordi segreti con Mosca lo dimostra.

Se pensate che la mia convinzione dell'esistenza di accordi segreti tra l'establishment orientale e l'URSS sia irrilevante, lasciate che vi dica che uno dei peggiori traditori nella storia della Repubblica americana, McGeorge Bundy, un cosiddetto traditore "di sangue blu", ha fondato uno dei primi istituti di questo tipo, l'Istituto internazionale per l'analisi dei sistemi applicati, in collaborazione con l'agente del KGB Alexei Dzhermen Gvishiani, che era il genero del defunto primo ministro Alexei Kosygin (1904-1980). McGeorge Bundy è un forte sostenitore della dottrina fatale dei massoni malthusiani, che ora sta uccidendo le economie delle nazioni occidentali. McGeorge Bundy è un membro dell'Ordine dei Massoni della Scuola Scozzese, come lo era Kosygin.

McGeorge Bundy ha svolto un ruolo di primo piano nell'opporsi a tutti gli sforzi americani per raggiungere la parità nucleare con l'Unione Sovietica e, insieme ai partecipanti alla Conferenza sul disarmo di Pugwash, quasi tutti massoni, ha arrecato danni inestimabili alle capacità di difesa dell'America. Insieme a Kissinger, Bundy si alleò con i promotori Pugwash del SALT, che sapeva avrebbero indebolito l'America.

Sia McGeorge Bundy che Kissinger si sono venduti alle stesse famiglie nobili nere svizzere, tedesche e britanniche che hanno combattuto Washington nella Rivoluzione americana e nella Guerra del 1812, anche se la nobiltà nera massone continua a combattere la Repubblica americana.

Da dove McGeorge Bundy, Kissinger, Harriman, Rockefeller, Cabot, Lodge, Bush, Kirkland (l'attuale leader del sindacato, il cui trisnonno sparò il primo colpo a Fort Sumter per iniziare la distruzione della Repubblica), i Lowell, gli Astor e tutte le famiglie dell'establishment orientale hanno tratto le loro convinzioni e idee antirepubblicane?

La risposta a questa domanda è abbastanza facile: il conte di Shelburne (William Petty, 1737-1805), capo dei servizi segreti britannici e maestro di spionaggio e, cosa forse più importante, capo del fanatico e segretissimo Ordine scozzese della Massoneria! A questo proposito, vediamo ancora una volta il ruolo vitale svolto dalla Massoneria nel plasmare non solo gli affari degli Stati Uniti, ma del mondo intero mentre si muove verso una società chiamata "governo unico mondiale".

Chi era questo maestro cospiratore, questo Shelburne, che governava i cuori, le menti e le filosofie di quelle famiglie eminentemente rispettate del "vecchio denaro" a Boston, Ginevra, Losanna, Londra, Genova e Venezia, che divennero incredibilmente ricche grazie al commercio dell'oppio e degli schiavi: mi riferisco alle famiglie William Pitt, Mallet e Schlumberger. Shelburne dominava certamente i cuori e le menti dell'intero establishment liberale orientale e di molte altre famiglie cosiddette importanti e influenti.

Ho citato per la prima volta Lord Shelburne nei miei scritti circa vent'anni fa. All'epoca, nessuna pubblicazione o autore di destra aveva mai fatto riferimento all'autocratico britannico di sangue blu che aveva guidato l'opposizione alla Rivoluzione americana.

Shelburne era innanzitutto un massone di rito scozzese con forti legami con i gesuiti in Inghilterra, Francia e Svizzera. Non era solo il controllore di William Pitt, il primo ministro britannico, ma anche dei terroristi Danton e Marrat e dei traditori dell'establishment orientale guidati da Aaron Burr, nonché di Adam Smith, la spia delle Indie Orientali britanniche trasformatasi in economista, e di Malthus, la cui marea di concetti errati sta trascinando le economie dell'Occidente nella perdizione.

CAPITOLO 17

IL CAPO MASSONE SHELBURNE

L ord Shelburne è l'uomo che ha fatto di più per distruggere i benefici che l'umanità ha ricevuto come risultato del Rinascimento del 15 secolo, e l'uomo che ha tradito maggiormente gli ideali cristiani insegnati da Cristo, i nostri ideali politici sociali e morali e i nostri concetti di libertà individuale incarnati nella Costituzione.

In breve, Shelburne è il padre quasi storico della rivoluzione, della schiavitù e della nuova era oscura che porterà a un ordine unico mondiale. Shelburne odiava e detestava il Rinascimento. Era sicuramente un sostenitore degli interessi particolari che credeva che l'uomo comune fosse sulla Terra solo per servire la classe superiore, alla quale Shelburne apparteneva. Odiava anche il capitalismo industriale ed era un ardente sostenitore del feudalesimo, un esempio quasi perfetto da seguire per Karl Marx.

Inoltre, è stato William Petty a fondare la tre volte maledetta Royal Society di Londra, precursore del Royal Institute for International Affairs, che controlla la politica estera americana, il Council on Foreign Relations di New York. Sia la Royal Society di Londra che i suoi figli, il Royal Institute for International Affairs e il Council on Foreign Relations di New York, si basano sugli scritti dello studioso massone Robert Fludd e sul rosacrocianesimo gesuita.

Altri massoni che controllavano la Royal Society erano Elias Ashmole e Lord Acton, entrambi molto in alto nella leadership massonica. Questi uomini, insieme e separatamente, controllarono le azioni del Primo Ministro britannico William Pitt e di John Stuart Mill, di Lord Palmerston e di uomini successivi come H.G. Wells e John Ruskin (Ruskin fu il mentore di Cecil Rhodes e Lord Alfred Milner), nonché dei massoni che guidarono i giacobini allo scoppio della famigerata Rivoluzione francese.

Fu Lord Milner a lanciare la selvaggia guerra boera, scagliando la forza dell'esercito britannico contro le piccole repubbliche dei contadini boeri. Anche lui, come Shelburne, odiava il repubblicanesimo. Questi notabili massoni hanno causato incalcolabili devastazioni, miseria, dolore e sofferenza e caos economico in tutte le nazioni, ma non dimentichiamo che è stato William Petty, conte di Shelburne, i cui insegnamenti li hanno ispirati e hanno reso possibile tutto questo.

Non dimentichiamo nemmeno che William Petty, conte di Shelburne, era, ripeto, prima di tutto un massone. I rituali dei 33 gradi massonici insegnano che non c'è Dio, ma parlano molto degli antichi culti del male. La Mesopotamia e l'Egitto erano le terre in cui si praticavano questi culti malvagi che, come riportato dal Conte di Shelburne in Occidente e su cui si sono modellati il Club di Roma e gli acquariani di oggi, esistono fin dall'antichità. Non avevano alcun riguardo, alcuna pietà per una madre il cui figlio era stato strappato dai sacerdoti di Baal per essere bruciato vivo tra le braccia di ferro di Molok come sacrificio in suo onore.

Queste "società di caccia e raccolta", come vengono chiamate, si ritrovano ancora oggi in alcuni ordini massonici. E non fraintendetemi, i culti sono l'incarnazione stessa di tutto ciò che è malvagio, culti come quello di Dioniso, a cui appartengono i potenti capi della regalità europea, Magna Mater, Iside, Astarte, il malvagio e vile culto caldeo, e il culto di Lucifero o il Lucifer Trust, recentemente chiamato Lucius Trust, a cui appartenevano Robert McNamara, Cyrus Vance e molti notabili dell'establishment orientale.

(Permettetemi di dire che ci sono molti altri culti a cui appartengono molti massoni di alto livello - quelli collegati all'ordine del Governo Unico Mondiale - e ne parlerò man mano).

Ma prima di descrivere in dettaglio ciò che i massoni moderni stanno facendo per realizzare un Nuovo Ordine Mondiale - Utopia dell'Età Augustea, voglio ripercorrere le figure massoniche storiche della Rivoluzione Americana, della Guerra tra gli Stati, comunemente nota come Guerra Civile, per poi proseguire in tempi più recenti.

Spero di mostrarvi che una linea rossa di odio per la Repubblica americana attraversa la nostra storia da oltre 250 anni, e che questo odio è più forte oggi che mai, mentre l'America entra nella sua fase finale, prima che il crepuscolo della nuova Età Oscura si abbatta cupamente sulla Terra e su tutti i suoi abitanti rimasti.

Prima di entrare in alcuni di questi dettagli, lasciatemi dire che l'odio per il cristianesimo è ancora più forte nel 2008 di quanto non fosse nel Medioevo. Vale la pena ricordare che c'è ben poca differenza tra gli obiettivi e gli scopi degli odierni traditori massoni dell'establishment orientale e le politiche del socialismo internazionale. I "nostri" traditori hanno sempre collaborato con i loro omologhi di Venezia.

In effetti, furono i "sangue blu" d'America e quelli alleati con la fazione della Guelfa Nera in Europa, in particolare Lord Alfred Milner, massone di rito scozzese, a creare Vladimir Lenin.

Come ho detto prima, la Rivoluzione bolscevica non fu un movimento oscuro che riuscì a rovesciare e schiavizzare una grande nazione. Fu piuttosto il risultato della pianificazione e del complotto dei massoni, iniziato nel 1776 con la guerra contro la Chiesa cattolica guidata dal gesuita Adam Weishaupt. Non solo il complotto per la comunitarizzazione della Russia proveniva dall'Occidente, ma anche l'immensa fortuna necessaria per realizzarlo!

Al contrario, quando i coloni americani intrapresero la loro lotta per liberarsi dal giogo della servitù imposta da Giorgio III, non furono sostenuti da nessuno se non da loro stessi! La Chiesa cattolica in Canada, dominata dai gesuiti e comprendente molti massoni, ha svolto un ruolo chiave nel tradimento della causa americana durante la guerra del 1776, aiutando il traditore Aaron Burr, ex vicepresidente degli Stati Uniti, che mi ricorda molti dei nostri presidenti passati.

Furono i gesuiti cattolici a organizzare il passaggio di Burr affinché potesse spiare per gli inglesi. Un'altra figura inviata in America dai capi di Stato britannici, svizzeri e genovesi fu Albert Gallatin, un massone che si fece strada nella struttura di potere del nuovo Paese e si impegnò a distruggerlo dall'interno. Oggi il suo omologo è Paul Volcker, ex presidente della Federal Reserve durante uno dei periodi più turbolenti della storia degli Stati Uniti e ora, nel 2009, consigliere economico del Presidente Obama.

William Shelburne, maestro massone, spione e mente della Rivoluzione francese, coordinava le attività di tutti coloro che erano impegnati nella lotta per sradicare la pericolosa nuova Repubblica americana prima che diventasse un modello per il mondo. Tra questi nemici c'era Robert Livingston del Comitato del Congresso Continentale. Shelburne fece in modo che il titolo di Massone di Rito Scozzese Principale passasse dal suo Gran Maestro, William Walter, che nel 1783 era nell'esercito britannico, al nuovo Gran Maestro, Livingston.

Livingston fu nominato Gran Maestro della Gran Loggia di New York, carica dalla quale continuò a lavorare per le famiglie di Londra-Venezia-Genova-Ginevra, che ancora oggi controllano le maggiori ricchezze del mondo. In questo circolo nefasto c'erano i senatori Hillhouse, Pickering, Tracy e Plummer, tutti massoni, che svolsero un ruolo di primo piano nel tentativo di convincere i loro Stati a secedere dall'Unione. Come ho detto, erano tutti massoni, così come il loro confidente e co-autore del complotto, l'ambasciatore britannico negli Stati Uniti Anthony Mary. Quando Burr, il Maestro massone, fu smascherato come traditore perché il complotto per impadronirsi della Louisiana per gli inglesi era andato a monte, fuggì dai suoi amici massoni in Inghilterra, proprio come Roberto Calvi fuggì dai suoi amici massoni di rito scozzese in Inghilterra. Tuttavia, a differenza di Calvi, che fu assassinato dai suoi cosiddetti "amici", Burr ricevette un'accoglienza da eroe dal conte di Shelburne. Per inciso, fu John Jacob Astor a pagare il viaggio di Burr. Astor era pienamente d'accordo con ciò che Shelburne credeva, ossia il culto del satanico culto caldeo, un culto così potente che in un periodo storico teneva in pugno l'intero Impero persiano. Il culto caldeo è ampiamente condannato nella Bibbia cristiana.

Famiglie in Gran Bretagna, a Genova, a Venezia e in Svizzera discendono da coloro che hanno guidato il massone Shelburne a schiacciare la giovane Repubblica americana. Famiglie contaminate dal commercio dell'oppio come Mallet, Pitt, Dundes, Gallatin e, in America, Livingston, Pickering, oltre al nido di traditori di Harvard, formano il nucleo dei liberali dell'establishment orientale e dei loro antecedenti che odiano l'America e intendono distruggerla, come Shelburne aveva ordinato loro di fare 250 anni fa.

Uno dei più tenaci in questa impresa fu l'"economista" inglese e massone di spicco, Thomas Malthus. Come Marx fu creato da una cospirazione gesuita-massonica europea, così essi crearono Malthus.

Malthus era una spia al servizio della Compagnia britannica delle Indie orientali, l'organizzazione coloniale britannica responsabile della raccolta delle materie prime e della liquidazione dei beni, paragonabile all'odierno Fondo monetario internazionale. Ma la falsa premessa economica per cui Malthus divenne noto fu in realtà scritta da un altro massone, il conte di Ortes, della famiglia di banchieri veneziani Ortes.

La nobiltà nera veneziana, irritata dalle attività dell'americano Benjamin Franklin, commissionò e pagò il massone Ortes per scrivere una confutazione dell'opera di Franklin. In sostanza, Franklin sosteneva l'ingiunzione biblica di essere fecondi e moltiplicarsi. Franklin sosteneva che la prosperità economica sarebbe derivata da un aumento della popolazione. La nobiltà nera, con la sua mentalità da "cacciatore-raccoglitore", riteneva che solo una parte della mandria comune dovesse essere mantenuta per il servizio.

Credevano nel genocidio ed è da questo che il Club di Roma ha tratto le sue idee per l'agenda Global 2000. Gli scritti di Ortes per conto delle famiglie "nobili" erano molto anti-americani e anti-Franklin e le sue idee furono riprese, sviluppate ed estese da altri massoni come il primo ministro William Pitt e più tardi da Malthus, dopo aver ricevuto una borsa di studio e un'istruzione dal massone di rito scozzese Lord Shelburne. Malthus continuò a scrivere il suo libro, *On Population*, in diretta contraddizione con il lavoro di Franklin.

CAPITOLO 18

MALTHUS E BENJAMIN FRANKLIN

Malthus odiava l'opera di Benjamin Franklin, che era disprezzato dalle stesse famiglie presenti in questo elenco di traditori, "*America's 60 Families*", pubblicato dal massone Frederick Lundberg.

Queste famiglie pensano di essere il massimo in America. Pensano di avere il diritto intrinseco di decidere chi vive e chi muore e di decidere il destino dell'America.

I discendenti di queste 60 famiglie hanno combattuto duramente per distruggere la Repubblica americana e schiacciarne tutte le vestigia. I loro antecedenti stanno facendo la stessa cosa oggi, continuando dove i loro antenati hanno lasciato. Questo ascesso settario deve essere estirpato dal corpo dell'America se vogliamo sopravvivere, e prima lo facciamo meglio è.

La maggior parte degli americani con cui ho parlato non ha la minima idea della portata dell'umiliazione e della vergogna che abbiamo subito durante la guerra delle Falkland, una vergogna che continuiamo a subire attraverso il degrado della guerra in Iraq, e giustamente. Avremmo dovuto opporci ai massoni britannici e dire "no, non tradiremo mai la memoria di un grande patriota americano". Invece, abbiamo permesso ai massoni americani e britannici di calpestare la tomba di John Quincy Adams e di tenere il loro rituale di trionfo intorno alla sua lapide. Ho pianto il tradimento delle Falkland allora, e lo piango ora nel 2009, con il tradimento del nostro onore nella guerra in Iraq. È una delle pagine più buie della nostra storia. Non dobbiamo dimenticarlo. Dobbiamo lavorare per espellere le famiglie di oligarchi e i controllori del destino dell'America dalle Isole Falkland e restituirle ai loro legittimi proprietari, il popolo argentino. Non dobbiamo riposare finché la memoria dei 20.000 marinai della flotta americana, catturati e ridotti in schiavitù dalla marina britannica prima della Guerra del 1812, non sarà vendicata.

Finché permetteremo alle "famiglie nobili" britanniche di governare le Falkland, non potremo mai più venerare il nome e la memoria di un grande americano, John Quincy Adams. Finché non lo faremo, non oseremo definirci una nazione cristiana timorata di Dio. I tre tradimenti che ci irritano di più sono le Falkland, il Sudafrica e lo Zimbabwe. Per quanto mi riguarda, non potrò riposare finché gli autori di questi crimini non resteranno impuniti; crimini che sono stati pianificati e attuati da potenti elementi del movimento massonico ed eseguiti dai loro servitori americani nel governo degli Stati Uniti.

Furono le "60 famiglie", gli antenati degli odierni liberali della East Coast, a combattere la Rivoluzione americana e il repubblicanesimo e a pianificare e realizzare una tragedia dopo l'altra negli anni successivi, non ultima quella delle Nazioni Unite, dominate da Satana e guidate da una setta. Sono queste famiglie e i loro antecedenti che ci hanno dato i culti massonici, gnostici, bramanici, degli Illuminati, di Iside, Osiride e Dioniso, invece del puro Vangelo di Cristo.

Questi sono i membri dell'establishment liberale. Le persone che ci hanno dato l'antica e accettata Massoneria clandestina del Rito scozzese (americano), ufficialmente istituita solo nel 1929, ma in realtà fondata nel 1761, e quindi molto attiva nella sua guerra contro la giovane nazione americana. A proposito, vorrei dire che la famosa storica Lady Queensborough afferma che i riti si basano su antiche origini cabalistiche.

Albert Mackey, l'uomo che ha studiato la Massoneria in dettaglio, ha detto

> La massoneria promette agli uomini la salvezza attraverso cerimonie inventate da uomini, amministrata da sacerdoti e abitate da demoni. È la somma e la sostanza di tutte le false religioni della terra e alla fine le unirà contro Cristo. Ma l'unico avversario che la Massoneria teme è Cristo, che ha rifiutato di adorare Satana e i suoi seguaci.

La "salvezza" promessa dalla Massoneria portò quasi al fallimento della Repubblica americana nel 1812 e nel 1861 alla terribile Guerra tra gli Stati, la cosiddetta "Guerra Civile", che costò la vita a oltre 400.000 persone, un fatto che non è mai stato sottolineato dagli storici dell'establishment (gli unici ammessi negli Stati Uniti). Questo terribile tributo supera il numero di soldati americani uccisi nella prima e nella seconda guerra mondiale! Riflettete bene su questo fatto e memorizzatelo, perché i nostri cosiddetti "storici" cercano di nascondere queste statistiche vitali sotto il tappeto.

E quale fu la scusa per questa guerra fratricida tra gli Stati? In apparenza la guerra fu combattuta per emancipare i neri, ma la stragrande maggioranza di noi oggi sa che c'erano altre ragioni.

È interessante notare che le famiglie schiaviste del Nord

hanno fatto fortuna grazie a ciò che hanno condannato. Hanno combinato il commercio degli schiavi con quello dell'oppio verso la Cina, ed è così che i nobili di sangue blu di Oxford, i laureati di Harvard e le famiglie "nobili" di Boston e dintorni hanno accumulato le loro fortune, ed è in questo commercio di droga che i loro discendenti sono coinvolti ancora oggi. Tuttavia, devo lasciare da parte la schiavitù, il commercio dell'oppio, gli "olimpionici" e la "classe dirigente" intrisa di droga per venire al tema principale.

Permettetemi di ripetere che tutte le famiglie che si considerano le "famiglie reali" d'America hanno fatto i loro soldi con il commercio dell'oppio e degli schiavi. Ditelo all'autore di *America's Sixty Families* e guardate come si toglie di mezzo! Il signor Lundberg, ovviamente, non si sognerebbe mai di denunciare i suoi famosi clienti. Vorrei ora soffermarmi sugli eventi successivi alla Guerra Civile, che fu istigata e diretta da una cospirazione massonica dall'inizio alla fine, attraverso persone come Caleb Cushing e Lloyd Garrison.

Non c'è dubbio che gli istigatori della cospirazione per distruggere l'America, che culminò nella Guerra tra gli Stati, fossero tutti massoni di rito scozzese da entrambe le parti del conflitto. Vale la pena ricordare di sfuggita che anche l'assassinio del presidente Lincoln fu un complotto dei gesuiti e della massoneria.

Questi massoni alleati con le famiglie nobili nere veneziane, i Contarini e i Pallavicini, e la rete di spie gesuite non avrebbero potuto assassinare Lincoln senza la connivenza delle famiglie dell'establishment orientale e della famiglia Cecil in Inghilterra. Così, la setta gesuita rosacrociana di Robert Fludd ha trionfato sul popolo americano, sulla sua Costituzione e sulla sua Repubblica, e si è goduta l'assassinio del Presidente come uno dei suoi "trofei".

Qual era dunque il motivo della cospirazione massonica per distruggere gli Stati Uniti e instaurare un governo mondialista? Il motivo era l'odio, un odio profondo e fanatico verso l'ideale della repubblica, l'idea che gli uomini potessero essere liberati dalla servitù della gleba e dal potere feudale esercitato dalle vecchie famiglie veneziane, genovesi e inglesi.

L'idea stessa che, in una forma di governo repubblicana, gli uomini siano liberi di contestare qualsiasi decisione con cui non sono d'accordo esercitando il diritto di voto, era assolutamente ripugnante per questi leader autoproclamati. Credevano, come credono tuttora, che l'unico diritto di decidere il destino dell'uomo comune appartenesse a loro. Ecco perché la religione cristiana, con la sua enfasi sulla libertà individuale, è il bersaglio del loro odio e perché molte di queste vecchie famiglie amavano il commercio degli schiavi e dell'oppio come oggi amano il commercio della droga. Per loro l'uomo non era e non è altro che uno schiavo da sfruttare. Come disse una volta il principe Metternich: "Per me l'umanità comincia dai baroni. Per inciso, Metternich era l'eroe e il modello di Henry Kissinger. Queste vecchie famiglie hanno potuto farlo perché non credono in un Dio reale e vivente! È vero che di tanto in tanto rendono un servizio a parole a Dio e al cristianesimo, come nel caso della famiglia reale britannica. Ma non credono che Dio esista!

Inoltre, questo intreccio di famiglie dell'establishment orientale, le famiglie bancarie gesuite-scozzesi-rosicruciane di Venezia, Londra, Genova, Boston, Ginevra,

Losanna, Berna, ecc. odiano con un'ossessione quasi violenta una società mercantile basata sulla crescita industriale e sulla tecnologia, basata sul capitalismo industriale.

La forza motivante, la ragion d'essere di una cospirazione mondialista come la vediamo nei suoi elementi visibili, attraverso il Club di Roma, la Mont Pelerin Society, la Fondazione Cini, i Bilderberger, la Commissione Trilaterale, la Royal Society for International Affairs, il Council on Foreign Relations e gli Acquariani, è la distruzione della religione cristiana, seguite da altre religioni (soprattutto musulmane) e dalla fine della crescita industriale, dalla distruzione della tecnologia e dal ritorno al feudalesimo e alla nuova età oscura, il tutto accompagnato dall'enorme riduzione della popolazione che i loro piani richiedono, poiché i milioni di "mangiatori inutili" non saranno più necessari in una società post-industriale.

Le mie numerose "prime volte" includono il lavoro sulla Conferenza interreligiosa di Bellagio, il rapporto Global 2000, l'esposizione dell'esistenza della loggia massonica più segreta, la loggia Quator Coronati, e del Club di Roma, la crescita zero e la società post-industriale; il complotto per lanciare una guerra santa a Gerusalemme, iniziando con un attacco alla moschea della Cupola della Roccia.

Tra le altre rivelazioni, *Chi ha assassinato il Presidente John F. Kennedy*, *La cospirazione massonica della P2*, *Chi ha ucciso Papa Giovanni Paolo I*, l'omicidio di Roberto Calvi e il ruolo di Haig nell'invasione israeliana del Libano. Oggi, la cospirazione dei massoni come servitori della Nobiltà Nera e della sua "aristocrazia" americana è ben avviata. Come avevo previsto 20 anni fa, le industrie dell'acciaio, delle costruzioni navali, delle macchine utensili e delle calzature sono state tutte distrutte; lo stesso sta accadendo in Europa.

Per quanto riguarda il rapporto Global 2000, negando il cibo alle nazioni affamate dell'Africa, sono morti milioni di neri africani. Migliaia di persone sono morte anche di HIV/AIDS. Guerre limitate, dichiarate auspicabili e necessarie dall'arci-satanista, massone Bertrand Russell e dal "dottor Stranamore" Leo Szilard, e dal suo culto demoniaco Shakti Ishtar, sono in corso in Iran, America Centrale, Sudafrica, Medio Oriente e Filippine, ecc.

La mia risposta è che la Bibbia cristiana dice: "Dio li guardò (i pre-Adamiti) e vide che non avevano prosperato". Dio ci ha mandato per aiutare queste persone a svolgere la loro funzione sulla Terra, qualunque essa sia, e non ne ho idea, ma non per ucciderle. Szilard e il suo amico, Bertrand Russell, lamentavano il fatto che le guerre non avessero eliminato abbastanza persone, come Russell descrisse nel suo libro del 1923, *Prospects of Industrial Civilization*, di cui questo è un estratto:

> Il socialismo, soprattutto quello internazionale, è possibile come sistema stabile solo se la popolazione è stazionaria o quasi. Un aumento lento può essere affrontato migliorando i metodi agricoli, ma un aumento rapido deve alla fine ridurre l'intera popolazione.

Le false nozioni di Russell si basano sui satanici principi malthusiani, che a loro volta si fondano sull'odio per gli Stati nazionali, per il repubblicanesimo e per uno Stato industriale capitalizzato che opera su una base mercantile tradizionale. Nel 1951, Russell scrisse *L'impatto della scienza sulla società*: ecco alcune delle idee più importanti sostenute in questo libro:

> Finora la guerra è stata deludente da questo punto di vista (cioè la riduzione della popolazione), ma forse la guerra batteriologica potrebbe rivelarsi più efficace. Se una peste nera (la peste del Medioevo e l'HIV) potesse diffondersi nel mondo una volta ogni generazione, i sopravvissuti potrebbero procreare liberamente, senza rendere il mondo troppo pieno. Lo stato delle cose può essere spiacevole, ma che importa? Le persone di alto livello sono indifferenti alla felicità, soprattutto a quella degli altri.

Autodefinitosi pacificatore, Russell era un falso profeta della massoneria e il leader della CND, la Campagna per il disarmo nucleare.

Era la voce del profeta dell'establishment orientale gesuita, massone, rosacroce e membro della nobiltà nera americana. Questi sedicenti leader del mondo stanno diventando così arroganti che a volte non riescono a tenere la bocca chiusa. Si noti il riferimento alla peste nera che ha colpito il mondo nel Medioevo.

La peste non fu un "atto di Dio" poiché, ovviamente, Dio non è un assassino, anche se spesso lo incolpiamo per la morte delle persone, ma secondo me, sulla base di 30 anni di ricerche, fu un atto deliberato dagli antecedenti degli odierni "olimpionici", il "Club dei 300". Non si tratta di una teoria inverosimile.

Certo, non l'ho ancora dimostrato, ma ci sono troppi indizi e pagliuzze nel vento per ignorarli. Così come il dottor Leo Szilard viene ritratto nel film *Il dottor Stranamore* come una finzione, anche i virus mortali attualmente in possesso dei cospiratori e ritratti nel film *The Andromeda Strain* sono stati ritratti come una finzione in quel film. Ma non è una finzione. Non bisogna trascurare il fatto che gli alchimisti e la nobiltà nera hanno condotto esperimenti medici fin dal 14 secolo.

I virus mortali contro i quali il farmaco miracoloso miosina è totalmente inefficace sono attualmente conservati presso il CDC in condizioni di massima sicurezza. Contrariamente alla versione ufficiale, non tutti questi virus sono stati inceneriti.

Questo dovrebbe convincervi che le mie previsioni non sono solo parole vuote. Nel 21 secolo assisteremo a molte altre "piaghe nere", nuove e strane piaghe che non sappiamo come chiamare, così come nuovi e più letali ceppi di colera, malaria e tubercolosi. Che nessuno dica che non siamo stati avvertiti delle pandemie che scenderanno sulla terra e porteranno con sé milioni di persone. Dopo tutto, gli obiettivi dei "300" sono stati chiaramente dichiarati. Basta ricordare le parole di Aurelio Peccei, fondatore del Club di Roma, che nel 1969 disse:

"L'uomo è un cancro per il mondo".

CAPITOLO 19

LA MASSONERIA È COMPATIBILE CON IL CRISTIANESIMO?

Po secoli, la Massoneria ha cercato di far sembrare il movimento totalmente compatibile con il cristianesimo. "Nulla impedisce a un massone di essere cristiano" è una delle affermazioni più antiche della Massoneria. In questo libro cercherò di fare un confronto tra quello che chiamo il cristianesimo del Nuovo Testamento e il suo più temibile nemico, la Massoneria. Le prove che sono riuscito a raccogliere provengono principalmente da parenti di massoni ed ex massoni, che mi hanno parlato a condizione di non essere identificati. Chi infrange il giuramento di segretezza massonica sa che la pena ultima per tale trasgressione è, nella maggior parte dei casi, la morte.

Migliaia di libri sono stati scritti a favore e contro la Massoneria. La Chiesa cattolica è stata ferma e risoluta nella sua opposizione alla massoneria. Purtroppo le Chiese protestanti non sono state così unite contro questo pericoloso nemico come avrebbero dovuto. In questa sede mi occuperò delle indagini più recenti sulla massoneria. Nel 1952 mi sono imbattuto in un libro molto interessante intitolato *Tenebre visibili* di Walton Hannah.

Questo libro è prezioso per chiunque cerchi di squarciare il velo di segretezza che ha protetto la Massoneria per tanti secoli. Lo stesso autore, Walton Hannah, pubblicò in seguito un articolo intitolato "Un cristiano dovrebbe essere un massone? "Un massone all'interno della cristianità, il reverendo R.C. Meredith, accettò questa sfida ai segreti della massoneria. Con grande coraggio, il reverendo Meredith sfidò la Chiesa a dimostrare che un massone poteva essere anche un cristiano.

Meredith, che studiò a Oxford, fu attivo nei circoli di sinistra e partecipò a vari dibattiti pro-sinistra molto popolari negli anni Trenta. Questo era il periodo della storia britannica in cui era chic essere socialisti, in cui il socialismo fabiano era in pieno svolgimento, in cui era di moda lavorare per l'Unione Sovietica, lo stesso periodo che ci ha dato Bulwer, Lytton, Alfred Milner e Kim Philby. Il gruppo Milner si è poi evoluto in quello che oggi si chiama Royal Institute for International Affairs (RIIA).

Il reverendo Meredith propose coraggiosamente di avviare un'inchiesta della Chiesa anglicana sulla massoneria. La sua proposta all'Assemblea della Chiesa del 1951 recitava come segue:

> Vista l'ampia pubblicità che è stata data all'articolo di Walton Hannah, è necessario che venga nominata una Commissione, che includa tra i suoi membri persone competenti nella scienza della religione comparata, per esaminare le affermazioni fatte dal signor Hannah in quell'articolo, e che l'attenzione della Camera dei Vescovi sia rivolta a tutto ciò che è esposto in esso.

È molto interessante notare che Meredith si riferisce alla Massoneria, anche indirettamente, come a una religione. Meredith era così sicuro che la sua risoluzione sarebbe passata e che la massoneria sarebbe stata scagionata dalle centinaia di massoni della gerarchia anglicana che occupano posizioni di potere nella Chiesa, che non si preoccupò nemmeno di imporre vincoli all'inchiesta proposta. Si tratta di un fatto molto insolito. Quando i massoni permettono alla Chiesa di indagare sulla loro società segreta, di solito lo fanno con le restrizioni più severe, in modo che l'esito dell'indagine sia una conclusione scontata: la massoneria e la Chiesa cristiana sono effettivamente compatibili. Dalla pubblicazione del libro di Walton Hannah nel 1952, nei vari Sinodi Generali della Chiesa anglicana è cresciuta la preoccupazione sulla vera natura dei giuramenti massonici, sulla necessità della segretezza come parte integrante della Massoneria, sul vero ruolo della Massoneria e sulla portata delle sue attività generali e segrete. Coloro che cercano di rompere il silenzio imposto dalla Massoneria e di rivelare i suoi oscuri segreti citano spesso il generale Ludendorf. In tempi più recenti, la Massoneria è stata descritta come una "sorta di mafia" o come "l'unico modo per progredire rapidamente per chiunque nel commercio o nel governo".

Quando sono stati compiuti progressi reali in questa direzione, cioè quando le indagini della Chiesa sembravano avere successo, gli sciacalli della stampa hanno gridato "caccia alle streghe". Parlare della Massoneria nella sua vera luce, strappare la maschera dal volto benigno della Massoneria è diventato un affare rischioso. La Massoneria ha sempre risposto alle accuse di abusi con la scusa che si trattava di "solo uno dei milioni di cattivi esempi del bene che fa".

Gli aspetti mafiosi e sinistri della Massoneria non sono mai stati discussi apertamente, ed è per questo che la Massoneria era così audace riguardo alla risoluzione di Meredith; sapeva che sarebbe passata - e l'ha fatto. Il libro di Stephen Knight del 1984, *The Brotherhood; the Secret World of Masonry (La Fratellanza; il mondo segreto della Massoneria)*, ha suscitato immediatamente una reazione di questo tipo. Critici, letterati e religiosi hanno definito questo eccellente libro "poco studiato, pieno di dati non confermati".

Cercare di descrivere la massoneria è un compito noioso. È probabilmente il più grande ordine confraternale del mondo, con quasi 3,5 milioni di membri non ufficiali nei soli Stati Uniti. Dal 1717, quando la Massoneria si è rivelata pubblicamente per la prima volta, sono stati scritti oltre 50.000 libri e opere brevi sull'argomento.

Ha generato più odio di qualsiasi altra organizzazione laica al mondo. Gli uomini di fede mormone e cattolica non possono aderire. In alcuni Paesi è vietato. La massoneria fu dichiarata illegale da Hitler e Mussolini e successivamente dal generale Franco. La Gerarchia metropolitana di Londra è essenzialmente massonica.

Tra i massoni ci sono molti re e potentati: Edoardo VII, Edoardo VIII, Federico il Grande, re Haakon di Norvegia e re Stanislao di Polonia sono solo alcuni esempi che mi vengono in mente.

I presidenti degli Stati Uniti che hanno prestato giuramento massonico sono stati: James Monroe, Andrew Jackson, James K. Polk, James Buchanan, Andrew Johnson, James A. Garfield, Theodore Roosevelt, William Howard Taft, Warren C. Harding, Franklin D. Roosevelt, Harry S. Truman, Lyndon Johnson, Gerald Ford e Ronald Reagan.

Tra i massoni nel campo della musica si annoverano il

compositore di "St. Louis Blues" William Handy, John Philip Sousa, Gilbert e Sullivan, Sibelius e Wolfgang Amadeus Mozart, che fu assassinato per aver rivelato segreti massonici ne "Il flauto magico".

Nessuno dei critici del libro di Knight ha sottolineato che la Massoneria non conferma mai i dati relativi al suo lato più oscuro, alle sue azioni malvagie e al suo effetto sul corso della storia. Mazzini, a volte, sembrava confermare alcuni dei mali e dei misfatti della massoneria nella geopolitica internazionale, ma solo nel contesto storico, dati già noti; sempre alludendo all'influenza massonica su questi eventi, ma mai confermandone il ruolo in modo rigorosamente scientifico.

Per screditare la pretesa della Knight di avere un'influenza indebita nelle alte sfere del governo e della Polizia Metropolitana, in particolare nel Dipartimento di Investigazione Criminale (CID), e la sua affermazione che oltre il 90% dei suoi detective sono massoni, uno dei più alti funzionari del Rito Scozzese, Lord Hailsham, è stato scelto dal Gran Consiglio d'Inghilterra per confutare le accuse del tutto corrette della Knight. Il Lord Cancelliere d'Inghilterra, avvalendosi del potere e della maestà del suo ufficio, scrisse una lettera al *quotidiano London Times,* ridicolizzando e sminuendo la presentazione di Knight. L'ufficio del patronato di Hailsham era sovraffollato di "massoni favoriti". Poiché una persona così augusta come Hailsham aveva scritto alla venerabile istituzione del *Times,* il pubblico accettò che le smentite di Hailsham a favore della Massoneria fossero corrette e che Knight avesse torto. Le accuse fondate di Knight sono state efficacemente confutate. È con questo mezzo, non così sottile, che la Massoneria protegge i propri membri. Dire che Knight non ha presentato dati confermati e che quindi può essere ignorato è una prova del potere e della pervasività della Massoneria. Questo vale tanto per gli Stati Uniti d'America quanto per l'Italia, la Francia e la Germania.

Offrendo il caso di Roger Hollis come prova dell'inesattezza di Knight, la Massoneria cita Hollis, capo dell'MI5 durante la Seconda Guerra Mondiale, come massone. Hollis era effettivamente un massone, che ha fornito segreti militari vitali all'Unione Sovietica. È stato oggetto di un elaborato tentativo da parte della Massoneria di sopprimere la pubblicazione del lavoro di un altro bravo autore, Peter Wright, il cui libro ha smascherato la doppiezza di Roger Hollis.

Hollis è stato un uomo che ha consegnato ai sovietici segreti militari americani e britannici ed è stato massone per la maggior parte della sua vita. Posso solo accennare brevemente a quest'uomo e al suo tradimento degli Stati Uniti e della Gran Bretagna nei confronti dell'Unione Sovietica.

Poiché Wright non poteva essere screditato con lettere al *Times*, il team del SIS "James Bond" cercò di metterlo a tacere - in modo permanente. Wright fuggì in Australia, dove fu protetto da persone altolocate. Wright ha fatto tutto il possibile per far pubblicare in Australia la sua denuncia di Roger Hollis, ma il lungo braccio della Massoneria scozzese è arrivato dalla Gran Bretagna e, con il più dubbio e contorto dei ragionamenti, il Procuratore Generale della Gran Bretagna si è recato in Australia per argomentare nei tribunali australiani contro la pubblicazione del libro. Sebbene la Massoneria lo neghi e citi la mancanza di prove documentali a sostegno delle sue smentite, la mia fonte più affidabile nei servizi segreti britannici mi ha detto che la Massoneria in Gran Bretagna e in Australia si è unita in uno sforzo comune per fermare Wright. Il libro sarebbe stato stampato in Canada e qualche mese dopo in Australia. Questa volta i massoni non sono riusciti a impedire che la verità venisse fuori.

Nel frattempo, a Londra, tre giornali sfidarono la censura britannica e iniziarono a pubblicare estratti del libro di Wright. La censura sulla stampa in Gran Bretagna viene applicata in modo molto efficace attraverso le cosiddette "D Notices". Se il Ministro degli Interni ritiene che un libro, una storia o un articolo siano dannosi per lo Stato o non siano nell'interesse del Paese, gli editori, i direttori di riviste, i giornali ecc. ricevono un "Avviso D" che impedisce loro di pubblicare la storia in questione. Se la "notifica D" non viene rispettata, il Procuratore generale ha il diritto di perseguire i trasgressori e i tribunali di solito impongono sanzioni severe.

Tale è il diritto alla "libertà di parola" e alla "libertà di stampa" tutelato in Gran Bretagna. Tre giornali londinesi sono stati incriminati per aver disobbedito alla "D notice" ricevuta che vietava loro di pubblicare le opere di Wright. Il procuratore generale ha descritto il loro comportamento nell'esercizio del diritto alla "libertà di stampa" come una deliberata e flagrante violazione della legge. Tutti coloro che si sono opposti a Wright erano massoni di alto grado che cercavano di proteggere un massone deceduto di 33 grado dall'esposizione totale. "Scarsamente documentato, privo di dati confermati? "È possibile, ma gli eventi reali, che poi diventano storia, raramente, se non mai, possono essere "confermati".

Tutti conosciamo la verità sull'assassinio di John F. Kennedy e sulla condotta del fratello Edward a Chappaquiddick. Ma i "dati confermati"? Sono rinchiusi

negli archivi legali e nei registri dei tribunali per i prossimi
99 anni! È così che funziona l'establishment! I massoni non
sono diversi. Proteggono i propri!

Prendiamo il caso del commissario di polizia della City di
Londra, James Page. I massoni sostengono che le sue rapide
promozioni non possono essere dovute alla
sponsorizzazione massonica, perché, a loro dire, si è unito
alla confraternita segreta solo dopo essere diventato
commissario. Naturalmente, i segreti della loggia
rimangono tali. Chi può dire che Page si sia unito ai massoni
quando era ancora un giovane agente di polizia? Solo ex
massoni "screditati", che sono ovviamente considerati
bugiardi o peggio! Sembra che Page, se si crede ai
precedenti, fosse un membro della Loggia molto prima di
diventare commissario di polizia.

C'è poi il caso degli agenti permanenti del governo nel
cuore finanziario del mondo, la City di Londra. Knight e
altri, me compreso, sanno bene che i suoi membri più
influenti sono massoni di primo piano. Tuttavia, quando
Knight osò fare il nome di questi uomini, gli fu
ufficialmente negato, non che non fossero massoni, ma che
non avevano partecipato alle riunioni della Guildhall Lodge
nelle date citate da Knight.

A causa del loro alto rango, i massoni furono creduti
piuttosto che Knight, che fu quindi accusato di "grossolane
inesattezze". Ho divagato sul tema della fornitura di "prove
documentali e "dati confermati" di fronte a massoni in
posizioni di grande potere e influenza, che serrano i ranghi
quando vengono attaccati. Inesattezze di fatto": così hanno
reagito i membri della Loggia Guildhall alla presentazione
di Knight su come la Confraternita dei Massoni controlla la
City di Londra - e Westminster, se è per questo.

Knight fornisce una spiegazione convincente di come i registri dei massoni delle logge inglesi di tutto il mondo siano "sigillati" contro gli investigatori. Nel caso di Roger Hollis, i registri dei massoni dell'Estremo Oriente erano chiusi sia a Knight che a Wright e fu sufficiente che la Massoneria negasse che Hollis fosse mai stato un massone perché entrambi gli autori venissero screditati per "mancanza di dati confermati". Dopo tutto, il pubblico tende a credere a Edoardo il Duca di Kent piuttosto che ad autori relativamente sconosciuti. Se la Massoneria è stata in grado di deporre Edoardo VII e di dare la colpa della sua caduta alla signora Wallis Simpson, è stato relativamente facile etichettare le opere di due eccellenti autori come "di fatto inesatte e prive di dati confermati".

Un'altra ottima denuncia della Massoneria è quella scritta e pubblicata da Walton Hannah, *Darkness Visible,* che ha subito attacchi molto duri non solo da parte di membri di spicco della Massoneria sotto la gerarchia della Chiesa anglicana, ma anche da parte di cosiddetti critici letterari e sedicenti "esperti" che difendono la Massoneria. Qualsiasi indagine sulla provenienza dei testi e dei rituali di iniziazione utilizzati dalla Massoneria sarebbe un lavoro di una vita e probabilmente, anche in questo caso, sarebbe etichettata come "mancanza di dati confermati" da parte di una Fratellanza unita e affiatata contro qualsiasi divulgazione che potrebbe danneggiare la sua immagine.

Il mio studio approfondito della Massoneria negli ultimi trent'anni mi ha insegnato molte cose sulla "Fraternità", in particolare che per documentare completamente anche i giuramenti, i testi e i rituali di iniziazione sarebbe necessario lo sforzo congiunto di diversi esperti veramente accreditati in religioni comparate. Così, per la natura stessa di un'impresa così vasta, la Massoneria ha sempre potuto continuare a velarsi di una segretezza difficile da penetrare.

È estremamente difficile costruire un caso contro la sinistra fratellanza. Molti ci hanno provato con vari gradi di successo, ma in generale si può dire che nonostante decine di libri notevoli, che hanno messo in luce la Massoneria per quello che è, la Massoneria ne è uscita relativamente indenne.

Se si facesse un sondaggio d'opinione, e non questi sondaggi di tipo politico e professionale che fanno eleggere i politici, ho ragione di credere che il 70% del pubblico in generale direbbe che la Massoneria è una società premurosa che fa molto bene alla comunità!

In un dibattito all'Assemblea della Chiesa anglicana nel 1951, è emerso chiaramente che il lavoro "benevolo" e "caritatevole" svolto dalla Massoneria è rimasto in primo piano nelle impressioni della gente sulla Massoneria. Ci sono diversi libri che sottolineano che le "opere di carità", come le collette per le strade a favore di vari enti di beneficenza, in realtà non sono affatto carità, poiché è il pubblico, non la Massoneria, a dare i soldi. Se le logge massoniche donassero pubblicamente e regolarmente grandi somme di denaro a enti di beneficenza, il loro volto benevolo potrebbe non essere la maschera che è in realtà. È vero che la maggior parte dei membri informati del pubblico non si pone mai la domanda "perché permettiamo a una società segreta di operare tra noi e cosa succede dietro le sue porte chiuse? ".

Non può essere altrimenti, perché come potrebbe la signora il cui marito frequenta le riunioni della Loggia sapere qualcosa delle severe leggi di segretezza della Massoneria, dei gradi Craft e dell'Arco Reale, per non parlare della politica dell'omertà. Se avesse avuto un animo curioso e avesse fatto domande approfondite, il marito le avrebbe raccontato solo dei sontuosi banchetti e delle attività di raccolta fondi per beneficenza, ma non avrebbe saputo nulla. Non c'è da stupirsi che la percezione pubblica sia così lontana dalla verità su ciò che è realmente la Massoneria!

CAPITOLO 20

QUANDO, DOVE E COME È NATA LA MASSONERIA?

La letteratura sulla Massoneria riempie gli scaffali della maggior parte delle biblioteche pubbliche, tranne per il fatto che non sono disponibili libri di autori che si sono avvicinati in modo scomodo alla verità. Se si chiede al bibliotecario, le risposte vanno da "non l'abbiamo mai avuto" a "è stato ritirato tempo fa".

Ci sono molti libri che affermano di dimostrare che non esiste alcun legame tra la massoneria "moderna", Re Salomone e i druidi. Questi "libri tecnici specializzati sulla Massoneria", come mi ha descritto un bibliotecario, hanno sempre gettato un velo sul legame tra la Massoneria e l'antico culto egizio di Iside, Dioniso e così via.

Anche Walton Hannah, in quanto scienziato, è riluttante a impegnarsi completamente. Nel suo libro "*Cristiani per gradi*", Hannah afferma:

> Se, come fanno, i massoni moderni affermano di essere gli amministratori e i custodi degli antichi misteri di cui sono i legittimi eredi, tutto ciò che si può ammettere è che ci sono davvero notevoli parallelismi e somiglianze, anche nei segni e nei simboli attuali; Il simbolismo è, tuttavia, molto difficile da specificare e dogmatizzare, non è certo degno di nota il fatto che la Massoneria e i misteri

massonici di oggi abbiano grandi somiglianze con i misteri e le religioni antiche, che hanno molti punti in comune con i misteri massonici.

Le biblioteche sono piene di libri che cercano di negare il legame tra massoni e rosacroce, mentre lo studente serio di massoneria sa che il legame è molto forte. Sir Roger Besomt era un massone di alto grado del Rito Egizio ed è un fatto assodato che era certamente profondamente coinvolto nella Teosofia e nel Rosacrocianesimo. Prendiamo ad esempio la famiglia reale britannica. Molti dei suoi membri, tra cui il Principe Carlo e il Duca di Kent, sono coinvolti nel Rosacroce. Nessuno nega che entrambi siano massoni. La Massoneria non ha mai dato una risposta adeguata alle tre domande: dove, perché, quando e dove ha avuto origine la Massoneria? I massoni hanno sempre negato categoricamente di essere stati creati per contrastare il cristianesimo e di non essere una religione, ma le loro negazioni si stanno esaurendo, come inizieremo a vedere.

John Hamill, Maestro Apologeta della Massoneria, Bibliotecario e Curatore della Biblioteca e del Museo della Gran Loggia, afferma:

> Le logge moderne sono molto simili a quelle che esistevano nel 17 secolo.

La sua idea di storia massonica è la seguente:

> La Gran Loggia d'Inghilterra fu costituita il 24 giugno 1717 e una Gran Loggia rivale degli Antichi fu formalmente costituita nel 1751; e che queste due Grandi Logge rivali si unirono il 27 dicembre 1713 per formare la Gran Loggia Unita d'Inghilterra, come la conosciamo oggi.

Ma Hamill non ci dice perché sia necessaria una società segreta.

❖ Che cos'è la Massoneria?
❖ Perché gli uomini cercano di raggiungerla?
❖ Qual è la vera natura dell'organizzazione di cui devono accettare gli obblighi se vi aderiscono?

Nonostante le migliaia di libri che ci raccontano cos'è la Massoneria, ci sono ancora molte cose che non conosciamo appieno. All'inizio degli anni Cinquanta del XIX secolo, la Gran Loggia d'Inghilterra pubblicò un opuscolo intitolato "Ciò che ogni candidato dovrebbe sapere", che diceva tra l'altro:

> La Massoneria è una società di uomini storicamente legata ai massoni operativi medievali, dai quali deriva i propri mezzi di riconoscimento privati, il proprio cerimoniale e molte delle proprie usanze. I suoi membri aderiscono agli antichi principi dell'amore fraterno (un'idea marxista - JC), della salvezza e della verità, non solo tra di loro ma anche nelle relazioni con il mondo in generale e attraverso i precetti e gli esempi rituali.

Se questo spiega qualcosa in modo veramente significativo, confesso che il suo vero significato mi sfugge. Il bibliotecario Hamill, tuttavia, tenta di dare una "spiegazione" più dettagliata dicendo:

> Il candidato all'iniziazione impara molto presto nella sua carriera massonica che i principi fondamentali della Massoneria sono l'amore fraterno, l'aiuto reciproco e la verità.

Poi tenta di equiparare il marxismo all'amore fraterno

affermando:

> Amore fraterno nel senso di promuovere la tolleranza e il rispetto per le credenze e gli ideali altrui e di costruire un mondo che rispetti la tolleranza insieme alla gentilezza e alla comprensione. Caring, non nel senso di dare solo denaro o limitatamente ad esso, ma nel senso più ampio di donazione caritatevole di denaro (ma mai del loro - JC) di tempo e impegno per aiutare la comunità in generale. Verità nel senso di ricerca di elevati standard morali e di conduzione della propria vita - in tutti i suoi aspetti - nel modo più onesto possibile. In parole povere, a un massone vengono insegnati i suoi doveri verso il suo Dio (quale Dio non è specificato - JC) e le leggi del suo Paese.

Una spiegazione così assurda di ciò che è la Massoneria è purtroppo ciò che la maggioranza del pubblico crede. Quando si indicano le eccezioni più notevoli a questo corpo di presunti nobili, come la moralità di alcuni dei suoi più alti aderenti, i suoi contributi monetari caritatevoli che non provengono dalla massoneria ma da donazioni pubbliche, il suo disprezzo per la legge del paese, cioè le rivoluzioni francese e bolscevica, ci si scontra con negazioni categoriche o, come nel caso di Roberto Calvi, con il fatto che si tratta di una "eccezione notevole" che può verificarsi una volta al secolo! Tutti i portavoce della Massoneria negano che la società segreta sia una religione. Nel 1985, il Consiglio degli Scopi Generali della Gran Loggia Unita ha pubblicato un opuscolo intitolato *Massoneria e religione*.

Tra i vari dinieghi, la Commissione afferma quanto segue:

> La Massoneria non è una religione o un sostituto della religione. La Massoneria non ha gli elementi di base di una religione, ma è tutt'altro che indifferente alla religione.

Senza interferire nella pratica religiosa, si aspetta che ogni membro segua la propria fede e ponga il dovere verso il proprio Dio, con qualsiasi nome, al di sopra di ogni altro dovere. La Massoneria è quindi un sostenitore della religione.

Un gruppo di lavoro della Gran Loggia ha inoltre dichiarato:

La Massoneria sa che i suoi rituali non sono equivalenti alla pratica di una religione.

È difficile immaginare una menzogna più audace e spudorata. La massoneria non è solo una religione, ma anche e soprattutto una religione anticristiana che mira a distruggere il cristianesimo.

❖ Come può la Massoneria giustificare la sua pretesa di essere una non-religione quando i suoi rituali sono incentrati e basati su altari, templi e cappellani?

❖ Perché nel rituale di emulazione di primo grado si recitano preghiere, come quella esplicitamente indicata come tale nella letteratura massonica?

Vediamo questa preghiera "non religiosa":

Concedete il vostro aiuto. Padre Onnipotente e Governatore Supremo dell'Universo, alla nostra presente Convenzione e concedi che questo candidato alla Massoneria possa consacrare e dedicare la sua vita al Tuo servizio per diventare un vero e fedele fratello tra noi. Concedigli l'abilità della Tua divina saggezza, affinché, aiutato dai segreti (enfasi aggiunta) della nostra arte massonica, sia maggiormente in grado di mostrare le bellezze della vera bontà per l'onore e la gloria del Tuo Santo Nome.

Se non è religione, allora niente al mondo lo è! La domanda a cui rispondere è: "Che tipo di religione è la Massoneria? ".

Nel Secondo Grado c'è una vera e propria preghiera, formulata in questo modo:

> Imploriamo la continuazione del Tuo aiuto, o Signore misericordioso, a favore nostro e di coloro che si inginocchiano davanti a Te. Possa l'opera iniziata nel Tuo Nome essere continuata alla Tua Gloria e sempre più saldamente stabilita in noi attraverso l'obbedienza ai Tuoi precetti.

Il fatto che il Dio che i massoni pregano sia Satana è accuratamente nascosto a tutti i massoni, tranne a quelli che raggiungono il 33° grado ! Il nome di Gesù è sempre escluso in modo molto specifico. Come dice Cristo nostro Signore nei suoi Vangeli:

> Chi non è per me è contro di me.

C'è un'altra preghiera nel terzo grado che invoca la benedizione di Dio e del Cielo sul nuovo membro:

> Dio onnipotente ed eterno, architetto e padrone dell'universo, per la cui volontà creativa tutto è stato fatto.

La Massoneria è molto cauta in quanto, pur facendo largo uso di preghiere cristiane, che sono facilmente riconoscibili come tali, evita scrupolosamente qualsiasi riferimento cristiano. Con questa singolare azione di esclusione del nome di Cristo dalle sue "preghiere", la Massoneria nega l'esistenza e l'autorità stessa di Gesù. Se, come sostengono i massoni, non è una religione, tanto meglio; ma perché

LA MASSONERIA DALLA A ALLA Z

copiare le preghiere cristiane e togliere assolutamente il nome di Cristo? Un simile comportamento non indica forse che la Massoneria è anticristo?

Credo fermamente che la Massoneria rappresenti un comportamento anticristico e, inoltre, questa è la risposta alla domanda "perché" la Massoneria è stata fondata! A sostegno della mia affermazione che la Massoneria è una religione anticristo, offro la cerimonia di apertura della Preghiera dell'Arco Reale che recita come segue:

> Dio onnipotente, al quale tutti i cuori sono aperti, tutti i desideri sono conosciuti e al quale nessun segreto è nascosto, purifica i pensieri del nostro cuore con l'ispirazione del tuo Spirito Santo, affinché possiamo amarti e magnificarti perfettamente.

Qualsiasi membro della Chiesa anglicana riconoscerà immediatamente questa preghiera del tutto cristiana. Il significato di questa particolare "preghiera massonica" è che sono state eliminate le parole molto importanti "per Gesù Cristo nostro Signore".

Cristo ha detto che coloro che lo negano sono anticristi. Eliminando il nome di Cristo da questa preghiera, i massoni dimostrano il loro disprezzo per Cristo. Sono quindi da annoverare tra le forze anticristiane di Satana.

La cerimonia di chiusura dell'Arco Reale si avvale anche di una nota preghiera cristiana, ovvero "Gloria a Dio nel più alto dei cieli, pace agli uomini di buona volontà", ma omette di dire che queste parole sono tratte dal Vangelo di Nostro Signore Gesù Cristo. Nella mia mente e in quella di molti seri studenti di Massoneria, i precedenti esempi di attività religiosa negano l'affermazione della Massoneria di non essere una religione, e dimostrano al mondo che lo è.

La Gran Loggia ha risposto a una mia sfida dicendo:

> ... Non essendo la Massoneria né una religione né un suo sostituto, non c'è motivo per cui il nome di Cristo debba essere menzionato nei suoi rituali.

Sicuramente la risposta a questa negazione è quella di porre un'altra domanda: "Se quello che dite è corretto, cioè che la Massoneria non è una religione, perché allora avete preso preghiere dalla Bibbia cristiana, perché fate costantemente riferimento a templi e altari e perché, pur usando frasi della Bibbia cristiana, negate l'esistenza stessa di Gesù Cristo cancellando il suo nome da ciascuna delle preghiere che avete copiato da lui?". "Non c'è mai dubbio che le "preghiere" massoniche siano spesso basate su liturgie cristiane. Perché allora la Massoneria nega di essere una religione e perché elimina assiduamente il nome di Cristo dalle sue preghiere copiate dai cristiani?

Le preghiere sono parte integrante dei rituali massonici, quindi come può la Massoneria negare di essere una religione? I massoni sostengono che le loro preghiere non contengono alcun elemento di culto. Eppure il capo della cerimonia si chiama "Maestro Venerabile"[6] e lascio a voi decidere se le preghiere massoniche che ho citato non siano atti di culto? Nessuno, con la possibile eccezione di Alice nel Paese delle Meraviglie, può credere che le preghiere massoniche siano distinte dal "culto". Il che solleva un altro punto fondamentale?

Anche se l'insistenza dei massoni su queste distinzioni tra

---

[6] Maestro Venerabile, NDT.

"preghiera", "culto" e "non-religione" potesse essere accettata, cosa che chiaramente non può essere accettata, l'omissione deliberata del nome di Cristo e dei Vangeli di Gesù Cristo da cui derivano le loro "preghiere", così come l'omissione della fondamentale convinzione cristiana che nessuno può arrivare a Dio se non attraverso nostro Signore Gesù Cristo, è un affronto alla religione cristiana.

Negano la divinità di Cristo. Non c'è dubbio su questo. Come possono allora uomini che si dichiarano cristiani essere anche massoni? Cristo ha detto che "non si possono servire due padroni". Accettando il rituale massonico, i massoni negano di fatto anche la Sua esistenza. Ne consegue che non si può essere per Lui, pur essendo contro di Lui!

È assolutamente impossibile per la Massoneria negare di non essere "né una religione né un sostituto della religione". Le prove del contrario sono schiaccianti! I difensori della Massoneria non possono nemmeno fornire la prova che, escludendo il nome di Cristo, non lo stiano rifiutando, perché non si tratta solo di una deliberata esclusione, ma di un deliberato insulto per omissione. Gli apologeti massonici ci dicono che "le nostre preghiere non sono atti di culto, ma solo una richiesta di benedizione all'apertura dei nostri rituali e un ringraziamento alla fine per le benedizioni ricevute". In cosa si differenzia dal culto religioso?

Il fatto evidente è che non è così! I rituali massonici invocano ripetutamente il nome di Dio, spesso in termini distintivi, come Grande Architetto dell'Universo (come nel Primo Grado); Grande Geometra (Secondo Grado); l'Altissimo, l'Onnipotente e l'Eterno Dio (Terzo Grado); l'Essere Supremo. GAOL) (Grande Architetto dell'Universo). Chi sono questi dei?

La Massoneria adora un Essere Supremo o, come a volte si dice, solo la fede in un Essere Supremo? Non ci sarebbero rituali massonici senza l'implicazione di un nome divino. L'opuscolo massonico a cui ho fatto riferimento sopra, *Freemasonry of Religion* pubblicato dal Masonic Board for General Purposes, sorvola sul Dio massonico affermando:

> I massoni si uniscono nel comune rispetto per l'Essere Supremo, che rimane supremo per le rispettive religioni individuali e non è compito della Massoneria unire le religioni.

Poiché il mondo occidentale è cristiano, che a qualcuno piaccia o meno, la Massoneria deve avere grossi problemi con un servizio interreligioso neutrale. Come cristiani, non possiamo sfuggire all'essenza della nostra religione, cioè che Cristo è preminente come Figlio di Dio. La Massoneria sostiene di non voler "offendere" le altre religioni. Come fa a farlo se esclude il nome di Cristo? Lo esclude per non offendere la massoneria esclusivista ebraica dei B'nai Brith (Figli dell'Alleanza)? Per centinaia di anni la Massoneria ha cercato di non "offendere" le altre religioni, ma non ha esitato a offendere i cristiani escludendo il nome di Cristo dalle sue preghiere rituali.

I servizi "interreligiosi" possono avere successo solo se il cristianesimo passa in secondo piano. Ne consegue, quindi, che i cristiani non possono essere massoni; o approvano la svalutazione del cristianesimo, o devono dimettersi dalla massoneria. Prima che i massoni raggiungano le altezze eccelse dei gradi superiori, molti credono che pregando stiano pregando il Dio della loro religione. Ma una volta raggiunto il "negozio chiuso" della gerarchia massonica, non c'è dubbio che le loro preghiere siano espressamente rivolte a Satana.

Il cristianesimo non ha segreti! Chiunque sappia leggere può leggere il gioioso vangelo della buona notizia della venuta del Messia. Perché i massoni trovano la segretezza così necessaria? Il credo massonico e i rituali che lo accompagnano sono pieni di "parole d'ordine segrete".

Perché dovrebbe essere così, a meno che non si tratti di un inganno? Spesso sentiamo "parole composte", "sono e sarò".

La Massoneria afferma di non essere obbligata a sostenere il cristianesimo. Perché allora la Massoneria prende in prestito così tanti tratti distintivi del Cristianesimo, se non lo sostiene? Le cerimonie dell'Arco Santo, forse più di ogni altra cerimonia, utilizzano "parole sacre". Il fulcro delle cerimonie dell'Arca Santa è il piedistallo - l'altare - sulla cui sommità compaiono le "parole sacre". È chiaro che, nonostante le sue proteste contrarie, la Massoneria è una religione quando si declamano le parole sacre. Qui è indiscutibile che la Massoneria è una religione in opposizione al Cristianesimo.

Esaminiamo il Rituale dell'Arco Reale, che è il culmine della cosiddetta "Massoneria Artigiana".

> È intimamente coinvolto con tutto ciò che è più vicino e più caro a noi in uno stato futuro di esistenza; le vicende divine e umane sono così terribilmente e minuziosamente intrecciate in tutte le sue disquisizioni. Ha come scopo la virtù, come oggetto la gloria di Dio, e il benessere eterno dell'uomo è considerato in ogni parte, punto e lettera dei suoi ineffabili misteri. Basti dire che è fondato sul Nome Sacro, J----h, che è stato fin dall'inizio della storia dell'umanità, è ora e rimarrà uno e lo stesso per sempre, l'Essere necessariamente esistente in e da sé in tutta la sua

effettiva perfezione, originale nella sua essenza.

Questo grado supremo ispira ai suoi membri le più alte idee di Dio, li conduce alla più pura e devota pietà, alla venerazione dell'incomprensibile J----h, l'eterno dominatore dell'universo, la fonte elementare e primordiale di tutti i suoi principi, l'origine e la sorgente stessa di tutte le sue virtù.

La parola "misteriosa" "J----h" è Jabulon, un nome "sacro". È una parola composita intercambiabile con Geova.

Non c'è dubbio che la Massoneria sia una religione la cui funzione primaria è quella di costituire un contropotere segreto alla religione cristiana, un ordine rivoluzionario, capace di controllare gli eventi politici.

CAPITOLO 21

LA MASSONERIA E LA FAMIGLIA REALE BRITANNICA

In aggiunta a quanto sopra, scopriamo che la Massoneria ha i cosiddetti gradi cristiani, come la Croce Rossa di Costantino, la Rosycross, che è molto importante nelle leggende massoniche.

Per ottenere il grado di Rosacroce (di cui fa parte la famiglia reale britannica), bisogna essere stati membri dei diciassette gradi del Rito Antico Accettato della Massoneria. Si dice che il Duca di Connaught e il Duca di Kent siano membri di entrambi gli ordini. Il Duca di Connaught fu Maestro della Gran Loggia d'Inghilterra per vent'anni. Tra gli altri membri della famiglia reale di questa Loggia si annovera Edoardo VII.

Secondo una lettera scritta dal Gran Segretario il 5 agosto 1920, Giorgio Ier e Giorgio III, che era re all'epoca della Rivoluzione americana, appartenevano entrambi alla Gran Loggia d'Inghilterra. Secondo la lettera sopra citata :

> ... Chiunque entri nella Massoneria è invitato, fin dall'inizio, a non approvare alcun atto che possa tendere a sovvertire la pace e il buon ordine della società.

Ciò è sorprendente se si considera che il Conte di Shelburne, membro della Gran Loggia, addestrò Danton e

Marat, prima di rilasciarli in Francia per seminare il caos della Rivoluzione francese. L'appartenenza alla Gran Loggia non salvò il re Edoardo VII, quando i suoi colleghi massoni decisero di sbarazzarsi di lui piuttosto che rischiare di non entrare in guerra con la Germania nel 1939. Ancora una volta, notiamo la forte allusione alla religione. "Ogni Loggia inglese, al momento della sua consacrazione, è dedicata a Dio e al suo servizio; nessuno può diventare massone finché non ha dichiarato la sua fede nell'Essere Supremo", scriveva il Segretario Generale nel 1905. La massoneria passò nuovamente all'offensiva nel 1938 a causa della crescente preoccupazione per le sue attività. Anche in questo caso, la fede nell'Essere Supremo era fondamentale.

Il Segretario Generale ha dichiarato nella sua dichiarazione del 1938:

> La Bibbia è sempre aperta nelle Logge. Si chiama Volume della Legge Sacra. Ciascun candidato è tenuto a forgiare la propria adesione su questo libro o sul volume che, secondo la sua particolare credenza, conferisce santità a un giuramento o a una promessa fatta su di esso.

Ciò implica che la Bibbia non è probabilmente l'unico "volume sacro" esposto. La Bibbia ha uno scopo puramente decorativo e si trova per i membri dei gradi inferiori (dal primo al quarto). Come tutti gli studenti seri di massoneria sanno, le società segrete sono diventate di moda nel 17 secolo, così come era di moda essere socialisti alla fine degli anni Venti e all'inizio degli anni Trenta. Fino all'aprile del 1747, i massoni continuarono a marciare per le strade della città, ma per ordine del Gran Maestro entrarono in clandestinità. Già nel 1698 fu diffuso un pamphlet intitolato "A tutte le persone divine della città di

Londra", che invitava i lettori a non lasciarli stare:

> ... di fare attenzione che le loro cerimonie segrete e i loro giuramenti non si impadroniscano di voi e di fare in modo che nessuno vi distolga dalla pietà, perché questa setta diabolica si riunisce in segreto. Infatti, gli uomini devono riunirsi in luoghi segreti e con segni segreti, facendo attenzione che nessuno li osservi, per compiere l'opera di Dio.

A quali "segreti" si riferiva la brochure? I segni, le strette di mano e le parole usate per dimostrare l'appartenenza al gruppo erano gli stessi di allora e di oggi. Si dice che questi segni segreti provengano dai muratori medievali, che giuravano di non trasmettere mai le loro competenze agli "estranei" e si riconoscevano come colleghi artigiani da certe strette di mano, ecc. Non è cambiato nulla. Anche se è improbabile che gli scalpellini facciano oggi parte della Massoneria, le loro strette di mano rimangono il principale segno di riconoscimento. Ma la Massoneria di oggi è molto di più: è una società segreta molto sinistra in cui i membri si impegnano alla segretezza con giuramenti mortali del tipo più spaventoso.

È chiaro che nessuna società cristiana imporrebbe un codice di silenzio minacciando i suoi membri di una morte orribile in caso di violazione del codice. La massoneria può ingannare i membri dei gradi inferiori facendo loro credere di essere basata sul cristianesimo, ma nel 1723 il dottor James Anderson, un ministro presbiteriano massone, disse:

> Si è quindi ritenuto più opportuno obbligarli (i membri della Confraternita) ad aderire a quella religione che tutti gli uomini approvano, lasciando a loro stessi le loro opinioni particolari.

Nel 1813, la Gran Loggia si espresse come segue:

> Qualunque sia la religione o il modo di adorare di un uomo, non è escluso dall'ordine, purché creda nel glorioso Architetto del Cielo e della Terra e pratichi il sacro dovere della moralità.

Si è così affermata una visione globale delle religioni, che è totalmente in guerra con il cristianesimo.

Questo concetto è anticristiano perché presuppone che tutte le religioni possano essere riassunte in un concetto globale di Grande Architetto. Cristo ha condannato specificamente questo approccio.

Si può quindi concludere che la Massoneria non è compatibile con il Cristianesimo e che anzi è una religione in contrasto con il Cristianesimo.

Nel 1816, tutto ciò che poteva esistere della religione cristiana nella Massoneria fu rimosso, al fine di promuovere il concetto di un Dio universale che permetteva agli uomini di tutte le religioni di partecipare ai rituali delle logge. Il dottor James Anderson, il ministro presbiteriano di cui ho parlato prima, ha effettuato la "ristrutturazione" dei rituali della Massoneria in Inghilterra:

> La fede nel G (reat) A (rchitect) O (f) T (he) U (niverse) e nella sua volontà rivelata, sarà una qualifica essenziale per l'adesione.

La Massoneria dichiara di non invitare o sollecitare mai gli uomini ad aderire. Nell'opuscolo *Informazioni per la guida dei membri*, che ogni nuovo massone riceve, si legge (pagina 22):

La questione della sollecitazione inappropriata dei candidati è stata sollevata in molte occasioni e il Consiglio ritiene che una dichiarazione in merito sarebbe utile. Non c'è alcuna obiezione (enfasi aggiunta) a un approccio neutrale nei confronti di un uomo che è considerato un candidato adatto alla Massoneria. Non c'è alcuna obiezione al fatto che venga richiamato, una volta effettuato l'avvicinamento (enfasi aggiunta).

Così, non solo i massoni sollecitano nuovi membri, ma una volta contattati vengono "richiamati". L'opuscolo prosegue:

Il potenziale candidato deve essere lasciato libero di decidere senza ulteriori sollecitazioni.

Questo consiglio sulla sollecitazione di nuovi membri è stato originariamente adottato dal Consiglio per gli Affari Generali il 9 dicembre 1981. Pertanto, quando un candidato all'iniziazione dichiara di aver aderito di sua spontanea volontà, ciò non è sempre vero. Una volta iniziato, un massone diligente può passare dal grado di Apprendista al terzo grado di "Maestro Massone".

Questi uomini sono attentamente monitorati come possibili candidati ai segreti superiori, dove si trova la vera verità sulla Massoneria. Ma la stragrande maggioranza dei massoni non viene mai "innalzata" oltre il terzo o quarto grado. I primi tre gradi rappresentano certamente la maggior parte dei membri della Massoneria. I cosiddetti gradi superiori sono noti anche come "gradi extra", dal Maestro Segreto al Grande Ispettore Generale, e in Inghilterra sono controllati dal loro Consiglio Supremo che risiede in Duke Street, St James a Londra (questa è una delle tante case "Grace and Favor" di proprietà della Regina d'Inghilterra).

L'iniziazione a questi gradi è aperta ai Maestri Massoni selezionati dal Consiglio Supremo. Questi Maestri Massoni sono di solito "individuati" precocemente dal Maestro Segreto, che partecipa a varie riunioni di Loggia "in incognito" a questo scopo. Solo un numero insignificante di massoni che compiono il passo oltre il terzo grado riesce a raggiungere i 18 gradi intermedi, Cavaliere del Pellicano e dell'Aquila e Sovrano Principe Rosa Croce dell'Eredità. Man mano che questi pochi vanno avanti, aumenta il numero di abbandoni.

Il grado 31 (Grande Ispettore Inquisitore Comandante) è limitato a 400 membri. A questo livello, il vero carattere della Massoneria è esposto per due terzi. Il 32 Grado di Principe Sublime del Segreto Reale conta solo 180 membri e il 33 Grado di Grande Ispettore Generale, che è preminente, è limitato a 75 membri. Questi dati si riferiscono ovviamente solo alla Gran Bretagna. Quando un massone raggiunge il 33 grado, è pronto a svolgere qualsiasi compito gli venga ordinato.

Guerre e rivoluzioni sono solo una parte del gioco. Guerra contro Dio" e "guerra contro il cristianesimo" sono due delle grida preferite dai 33 massoni quando si riuniscono in segreto. I gradi da 4 a 14 vengono conferiti subito e solo di nome durante un rituale speciale organizzato a tale scopo.

Il 18 Grado, il 19 e il 29 sono dati durante il 30 Grado di iniziazione. Questo per costringere i candidati selezionati a continuare a "progredire". Il 30 Grado è quello di Gran Cavaliere Eletto Kadosh o Cavaliere dell'Aquila Bianca e Nera.

Le tre lauree a partire dal 31 sono conferite singolarmente. La massoneria deve garantire che un candidato sia pronto a passare a una scala prima sconosciuta!

CAPITOLO 22

MASSONERIA INNOCUA

No massone non può andare oltre il 18° grado senza il consenso unanime del Supremo Consiglio. Il primo, il secondo e il terzo grado possono essere definiti "massoneria innocua", poiché gli eccessi, sia fisici che spirituali, i complotti contro i governi, l'odio verso Cristo e il cristianesimo non vengono mai rivelati ai massoni di grado inferiore al 25. Non sorprende che i massoni di terzo grado e il pubblico in generale considerino questo organo segretissimo della nostra società come una semplice società filantropica dedicata al bene di tutta l'umanità.

La maggior parte dei membri della Massoneria non si preoccupa di scoprire cosa succede nei cosiddetti "gradi superiori" del Rito Antico e Accettato. Se e quando lo faranno o saranno in grado di farlo, potrebbero anche ritrarsi inorriditi, soprattutto i cristiani, e rinunciare a far parte della Massoneria. Due esempi di uomini che hanno scoperto la verità sulla Massoneria e l'hanno lasciata, e le loro reazioni ansiose a ciò in cui erano stati coinvolti, si trovano nelle lettere che scrissero alle rispettive chiese dopo essersi esiliati dalla Massoneria. Naturalmente, le loro identità non possono essere rivelate per paura di ritorsioni:

> Per molto tempo, come cristiano, ho sempre difeso strenuamente la Massoneria, pensando di poter conciliare

le sue filosofie e i suoi precetti, presumibilmente basati sull'insegnamento della moralità e della carità, con il Cristianesimo. Ma dopo essere stato elevato ai gradi più alti, ho visto quanto ero stato cieco e quanto efficacemente il nemico usa le sue armi di sottigliezza e razionalità nel processo di accecamento. Fu nei gradi superiori che scoprii i veri mali e orrori della Massoneria.

Lo Spirito di Dio ha aperto i miei occhi spirituali e mi ha permesso di vedere ciò che stavo facendo. Ero in schiavitù del male e non me ne rendevo conto. Era la cosa più difficile del mondo non essere "profondamente disturbato da immagini sessuali oscene" nel sonno e durante i momenti di preghiera. Il suo subconscio era profondamente impregnato di sentimenti di sete di sangue e di omicidio della mia famiglia e dei miei cari.

L'uomo era una persona stabile, matura ed equilibrata, senza precedenti di disordini mentali o aberrazioni sessuali di alcun tipo (parere medico di esperti). Sentendosi minacciato, si è sottoposto a una terapia durante la quale è emerso che le immagini sessuali, il sangue e i coltelli erano strettamente legati ai simboli della Massoneria, e il sangue e il coltello con cui era tentato di uccidere i membri della famiglia erano legati ai giuramenti della Massoneria. Dopo un trattamento intensivo e l'imposizione delle mani da parte di sacerdoti anglicani qualificati e le esortazioni nel nome di Gesù, le immagini inquietanti sono scomparse non appena ha lasciato la Massoneria, e queste immagini e sensazioni non sono più riapparse.

I giuramenti della Massoneria sono accuratamente nascosti agli "esterni". Negli ultimi anni, la Massoneria si è preoccupata ancora di più di tenere ben nascoste le pene mortali per la violazione dei giuramenti. In primo grado, si applicano le seguenti regole: Obbligo. Le punizioni fisiche sono state omesse. In altre parole, oggi non esistono sanzioni scritte per le punizioni fisiche. Sono ora affidati per l'esecuzione ai gradi superiori da (18 Laurea). Ma ho scoperto almeno una parte della minaccia scritta per la "punizione fisica", che è descritta come segue:

> Fratello mio, con il tuo comportamento gentile e schietto stasera sei simbolicamente sfuggito a due grandi pericoli, ma ce n'era un terzo, che tradizionalmente ti avrebbe atteso fino all'ultimo periodo della tua esistenza. I pericoli scampati sono quelli della S e della S. C'era anche quel ct con una N che girava intorno alla tua N e che avrebbe reso fatale qualsiasi tentativo di ritirata.

Ci sono pochi dubbi sul fatto che le parole "con la N" significhino morte per impiccagione, come Roberto Calvi ha scoperto troppo tardi. Le frasi sono sempre descritte in questo modo. In un'altra stampa ho trovato quanto segue:

> Alla pena simbolica un tempo inclusa nell'obbligo (ora ben nascosta) in questo Grado, se avesse impropriamente divulgato i segreti a lui affidati, che implicava che come uomo d'onore, un FCFM avrebbe preferito avere l'Iblo, il thtt e il gttrbs di ta o d bts o tap.

(Nessuno, tranne il massone di 33 grado, conosce il significato di questi simboli). Si possono solo immaginare le punizioni descritte in queste lettere. Una delle punizioni più spaventose che ho incontrato per aver infranto i giuramenti massonici è stata questa:

> Giuro solennemente di osservare tutti questi punti, senza ritrattazioni, equivoci o riserve mentali di alcun genere, con la pena non meno grave, in caso di violazione di uno di essi, di essere tagliato in due, di ridurre in cenere le vostre viscere, e che queste ceneri siano sparse sulla faccia

della terra e portate via dai quattro venti cardinali del cielo, in modo che nessuna traccia o ricordo di un così vile essere miserabile possa essere trovato tra gli uomini, specialmente tra i Maestri Muratori.

Quando un maestro venerabile viene innalzato e insediato, viene avvertito della punizione che sicuramente seguirà se infrangerà i suoi giuramenti e voti:

Fatevi tagliare la mano destra e mettetela sulla spalla sinistra ad appassire e decadere.

Nella cerimonia di esaltazione dell'Arco Reale della Massoneria, l'iniziato viene chiaramente avvertito che la pena connessa all'obbligo è "subire la perdita della vita con lo strappo della testa". Oggi, tali affermazioni dirette non compaiono. Le punizioni sono invece legate a simboli e lettere. Ciò è avvenuto solo dal 1979, quando il Gran Maestro dichiarò che non era più "appropriato" esprimere le punizioni nella loro forma attuale. Il punto è che le punizioni non sono cambiate! Ciò che è cambiato è che ora sono nascosti agli estranei!

Migliaia di libri, sia a favore che contro, sono stati scritti per cercare di rispondere a questa domanda. Come studente serio della Massoneria, con trent'anni di ricerche approfondite alle spalle, la mia risposta è che la Massoneria può essere descritta nei seguenti termini:

❖ Si tratta certamente di una società segreta chiusa che, per ragioni sconosciute, è autorizzata a operare in una società libera e aperta come una democrazia cristiana occidentale.

❖ La Massoneria è chiaramente una religione basata su antichi culti e sul culto satanico. È anticristo e anticristiano e da tempo si dedica allo sradicamento della fede cristiana, anche se questo obiettivo è accuratamente nascosto alla maggior parte dei suoi membri, soprattutto a quelli dei primi tre gradi.

❖ Il suo carattere e i suoi obiettivi sono rivoluzionari. È noto che la Massoneria è stata responsabile almeno delle fasi di pianificazione della Rivoluzione francese.

❖ La Massoneria rappresenta il rovesciamento dell'ordine esistente delle cose e di tutte le religioni, tranne una.

❖ La Massoneria esige un'obbedienza assoluta ai suoi giuramenti.

❖ Le pene per la violazione del giuramento di segretezza o per il "tradimento" dei segreti massonici sono severe e possono includere, in casi estremi, la morte per impiccagione. Altre punizioni fisiche meno gravi sono spesso inflitte a coloro che infrangono il giuramento.

❖ La Massoneria, pur affermando di rispettare le leggi del Paese in cui opera, lavora silenziosamente per cambiare le leggi che ritiene indesiderabili.

❖ I massoni si trovano nelle più alte sfere del potere nei governi di tutti i Paesi, così come nel settore privato, negli affari e nel commercio. In quanto tale, la Massoneria è una forza incontrollata che esercita un potere immenso che può, e ha cambiato il corso della storia.

❖ La Massoneria è una società morale, etica e filantropica solo fino al terzo grado. La grande maggioranza dei massoni non va mai oltre il terzo grado e quindi non conosce la vera natura, gli scopi e gli obiettivi della Massoneria.

❖ La Massoneria è un governo che opera all'interno di un governo ufficialmente eletto, a scapito di quest'ultimo.

❖ L'aspetto caritatevole della Massoneria è una maschera e non ha alcuna credibilità, al limite dell'inganno.

È una maschera e una copertura per i veri obiettivi della Massoneria.

❖ La Massoneria ha arrecato un danno immenso alla causa del Cristianesimo ed è responsabile della perdita di milioni di vite in guerre e rivoluzioni a partire dallo scoppio della Rivoluzione francese in Francia.

❖ Il test finale è se è compatibile con il cristianesimo?

❖ Anche i cristiani possono essere massoni?

Ad entrambe le domande, la risposta è un secco no! Ho ricevuto affermazioni secondo cui Washington DC ha molte strutture massoniche costruite come edifici pubblici o governativi, e che la sua pianta ha la forma di un pentagramma. È difficile provare o smentire alcune di queste affermazioni, ma un edificio che sembra corrispondere alla tesi massonica è il Pentagono. Il pentagono è un simbolo occulto. L'edificio è stato progettato da John Whiteside Parsons, un satanista dichiarato. L'architetto era George Bergstrom, ma non si sa se avesse qualche legame con la massoneria.

I veri segreti della Massoneria non saranno mai rivelati all'umanità ed è quindi molto difficile per un autore sfuggire alle critiche quando esamina un argomento così complesso come la Massoneria. Ma questo non significa che non si debba provare.

Se qualcuna delle mie affermazioni è sbagliata, me ne scuso, poiché non è stata scritta con uno spirito di cieca irritazione, e spero che massoni più qualificati di me la segnalino, in modo da poterla correggere.

Già pubblicato

www.ingramcontent.com/pod-product-compliance
Lightning Source LLC
Chambersburg PA
CBHW070840300326
41935CB00038B/1164